思想史のなかのエルンスト・マッハ

科学と哲学のあいだ

Ernst Mach in der Geistesgeschichte

zwischen Wissenschaft und Philosophie

今井道夫

Michio Imai

東信堂

まえがき

本書は、私が大学院でマッハ研究に取り組み始めて以来、発表したマッハにかんする論文が主体となっている。ただし中心的位置にある第5章は未発表のものであり、最終章は本書のために書き下ろしたものである。ふたつの章をのぞく、それぞれの原論文の掲載誌は次のとおりである。

第一部　エルンスト・マッハの認識論

第1章　エルンスト・マッハ論序説

（原題「エルンスト・マッハ論序説——マッハへの一視点——」）

北海道大学哲学会『哲学』第八号、一九七二年（昭和四十七年）六月刊

第2章　エルンスト・マッハの認識論

（原題「エルンスト・マッハの認識論——要素論と思惟経済説を中心に——」）

東日本学園大学『教養部論集』創刊号、一九七五年（昭和五十年）六月刊

第3章　探究の論理と心理——エルンスト・マッハ『認識と誤謬』に即して——

『北海道哲学会報』第二十八号、一九八一年(昭和五十六年)七月刊

第二部　エルンスト・マッハの「哲学」

第4章　マッハ哲学の一源泉

『北海道大学文学部紀要』三十五の二(通巻第六十二号)、一九八七年(昭和六十二年)三月刊

第5章　思想史のなかのエルンスト・マッハ

一九八七年(昭和六十二年)九月脱稿(未発表)

第6章　エルンスト・マッハと回転運動の問題

北海道大学哲学会『哲学』第三十号、一九九四年(平成六年)七月刊

第三部　マッハ「哲学」の後と先

第7章　ローベルト・ムージルの学位論文――『マッハ学説の判定への寄与』の検討――

『北海道大学文学部紀要』三十一の二(通巻第五十二号)、一九八三年(昭和五十八年)一月刊

第8章　グスタフ・テオドール・フェヒナーの哲学――序説――

(原題「グスタフ・テオドール・フェヒナーの哲学(一)――序説――」)

『札幌医科大学人文自然科学紀要』第三十二巻、一九九一年(平成三年)十二月刊

最終章　マッハ論の現在――あとがきにかえて――

二〇〇一年(平成十三年)八月脱稿(未発表)

論文内容の変更は誤植の訂正やあいまいな表現の修正、語句の統一などにとどめ、書き直したい部分にもあえて手

を加えないことを原則とした。さすがに第1章は本書の冒頭でもあり、マッハについての私の初期の未熟な論文をそのまま掲載するのはためらわれたので、かなりの変更をおこなった。ただし、あらたに書き加えることはせず、基本的にはおよそ五分の二を削除するという方法によった。

私のマッハ研究は大学院の修士論文に始まる。私の学部卒業論文は「カール・ポパーの科学論研究」であった。そのさいにポパーの方法論主義に、科学を扱うさいの形式的議論に不満を感じ、もっと実質的なところに踏み込もうとして、マッハに遡ってみることにしたのである。修士論文に手を加え、短くまとめたものが第1章のもとになる論文である。これを展開するかたちで、第二論文（すなわち本書の第2章、以下同様）を発表した。その後、第三論文を書き継いでみたものの、この方向で、言い換えれば科学論的、認識論的枠組みによりマッハ哲学を議論してゆくことに限界を感じた。マッハの思考の性格、叙述の様式のために、どうにもそれ以上、実りあるかたちではまとめきれないという思いが強くなった。

そうこうしているうちに、前から読みたいと思っていながら入手できずにいた、ムージルのマッハを扱った学位論文がフリゼの手により復刊された（一九八〇年）。早速入手して検討するとともに、ムージルの他の著作をも読み出した。ムージルの学位論文の内容は、それほどのものではない。なんといっても、二十世紀の大作家としていまでは認められている人の若き日の哲学学位論文ということのゆえに、関心を呼ぶものであったことは否めない。まもなく、英訳（一九八二年）、仏訳（一九八五年）も出た。それまでの私のマッハ研究の蓄積を生かし、ムージルの学位論文の検討を試みた。それが第七論文である。

マッハに加え、ムージルを読んで、世紀転換期オーストリア文化への関心は増した。けれども、マッハとオーストリア文化との関連を論じても、いまひとつマッハの思想内実に食い込めないという思いが強かった。そうした状況を抜け出すきっかけを与えてくれたのは、西欧神秘主義の書物であった。マッハの思惟のうちにも、神秘主義的思惟様式が潜んでいるという考えが浮かんできた。そこであらためて、マッハの認識論を再検討し、またウィトゲンシュタインやジェームズを読み直してゆくうちに、この確信を深めた。そして一見ずれているようにみえても、内容上、第一から第三までの論文につながるかたちで、第四論文をまとめることができた。第四論文と次の第五論文が、本書の中心をなしている。この第四論文は、推定や間接証拠に依拠するところが多い（もっとも神秘主義の伝統の内部に入ってしまえば、このことはさほど問題にならないのであるが）。そこで、第四論文を受けて、より思想史のほうに近づけて展開したのが第五論文である。

その後もマッハにかかわるものを書いており、ここに収録した第八論文、第六論文がそうである。第八論文はマッハが若い頃に影響を受けたフェヒナーにかんする序論的考察である。十九世紀思想史におけるフェヒナーの特異な位置が多少とも明らかになると思う。その後、フェヒナーについて少しは追ってみたものの、多作で風変りなこの思想家の実像を突き止めるのは私の手にあまった。ただ、マッハを見るばあいに、こうした思想家を前史に位置づけることによってマッハ像もよりふくらみを帯びてくる、とするのが私の立場である。第六論文は、マッハ哲学を捉えるさいに、要素論、思惟経済説、あるいは記述の立場といった方法論的概念以外に、マッハの思考の拠点となっているものはないかを探究するなかで、得られた論点である。回転運動問題は、マッハの物理的、感覚生理学的理論の導きの糸になっているように思われる。さらに、回転運動はイスラム教神秘主義の回転舞踊にみられるように、神秘主義的境地と通ずるところさえあるように思えるのだが、論文中ではもちろんそこまでは言っていない。

以上、執筆順に各論文をたどってみた。論文配列は、ほぼ年代順になっているものの、みられるように第七論文、第八論文はマッハの周辺を扱ったものなので最後にもってきた。そして第一部は本書の序論的位置にあり、第二部が本書の中心となる。第一部、第二部にあっては、要素論、思惟経済説などがくり返し論及されている。同じような議論が蒸し返されるのは煩わしいにちがいない。ただ、そこで少しずつ視点を変えながら、その内実に迫ってゆく過程を読み取っていただけたらと思う。第三部はその周辺、思想史的な影響関係にふれたものということになる。ここでは、マッハの先と後という時代順よりも、論文執筆の順序に従った。私にかぎらず、ふつう私たちがマッハにかんしてたどる順序でもあり、そのほうが入りやすいと考えたからである。各章をつなぐ以上の筋は、しかしながら、見えにくいところもあるかもしれない。そこで最終章を書き加え、あらためてマッハを概観し、最近の研究書も紹介しながら、マッハ論の現在を考えてみた。

本書はマッハにかんする単独の書物としては、我が国ではおそらく初めてのものである。マッハの全体像を呈示するものになっていないとはいえ、けっして論文を羅列したわけではない。マッハのような思想家は、もし全体的に描き出そうとするなら、あるていど伝記的に叙述するしかないであろう。これについてはすでにジョン・ブラックモア『エルンスト・マッハ。その生涯、著作、影響』(一九七二年)という英文の好著がある。本書はそれに対し、マッハの主な著作をどう読み取るか、その哲学的思想的核をどこに求めるか、という関心に貫かれている。行きつ戻りつしながら、マッハを読み解くという筋に貫かれている。『熱学の諸原理』、『物理光学の諸原理』(遺著)といった著書に立ち入ることができなかったことからしても、本書はマッハの十全な研究にはなっていない。とはいえ、本書は少なくともマッハへの理解を促し、ひいては二十世紀思想成立史への問題提起となりえないであろうか。

本書は三十年を越える仕事のまとめである。この間、ずっとマッハに専念してきたわけではないにしても、これが私の主要な仕事である。ライフワークというには貧弱であるにしても、本書を仕上げるにあたっては多くの方々の恩恵にあずかっている。まずあげなければならないのは、故人となられたおふたり、花田圭介先生と廣松渉先生である。

花田先生は私が東京大学大学院を中退して再入学した北海道大学大学院で指導教官を引き受けてくださった。また、その後、助手に採用していただいた。マッハを研究テーマに選び、遅々とした歩みのなか研究を続けられたのは、まったく先生のご寛容のお蔭である。マッハ研究に踏み出すことができたのは、廣松先生の翻訳や著述を手引きにできたからである。直接お会いし、その魅力的な人柄にふれることができたのは、もう先生の晩年の頃であった。

ティル・ベックマン先生からは北海道大学文学部・大学院文学研究科のゼミナールで、西欧神秘主義を教えていただいた。それは本書に生かされている。本書をまとめるにさいし、北海道大学大学院文学研究科の坂井昭宏、山田友幸、石原孝二の三氏から種々ご助言をいただいた。特に最終章執筆は三氏の示唆によるところが大きい。また、東信堂の下田勝司社長は本書の出版を快諾され、本書がよりまとまりのあるものになるように骨折ってくださった。以上は本書の出版に直接かかわる方々のお名前をあげたにすぎない。他の多くの方々からたくさんの知的刺激を受けながら、どうにか一書をまとめあげることができた。心からお礼を申し上げたい。

マッハの時代を語るときに、私たちは前世紀末から今世紀初頭にかけての世紀転換期といった言い方をしてきた。すでに二十一世紀に入り、この表現もふさわしくなくなってきた。とはいえ新世紀の最初の年に本書を出版し、ひとつの区切りをつけることができてほっとしている。

二〇〇一年秋

札幌にて　　今井道夫

本書の出版にあたっては、日本学術振興会平成十三年度科学研究補助金（研究成果公開促進費）の交付を受けることができた。

思想史のなかのエルンスト・マッハ――科学と哲学のあいだ――／目次

思想史のなかのエルンスト・マッハ

――科学と哲学のあいだ――

第一部　エルンスト・マッハの認識論

第1章　エルンスト・マッハ論序説

1　マッハへの視点

科学、技術史の上では、十九世紀はひとつの転換期をなしており、それは、そのまま現代に連続してくる面をもっている。科学思想史に限定して考えるならば、物理学の変貌、進化論の確立、実験心理学の成立などがあげられる。マッハが偉大な思想家であったか否かは疑問であるにせよ、彼はこのような時代に、このような問題状況を引き受けて思索したのであった。私たちは、そこにおけるマッハの思索を追いつつ、私たち自身の科学論的思索をすることができるのではなかろうか。

いうまでもなく、このような科学論的視覚のみに限定してマッハを論ずる必要はなく、マッハにおける近世哲学、近世科学との対質を重視してもよいし、また、現代哲学史の一環として、論理実証主義との連関、フッサール現象学や、レーニンに批判されたロシア・マルクス主義との連関を視野に入れてもよい。いずれにしても、たえず方法的自覚をあらたにしつつマッハ研究をおこなうことが肝要であろう。

さて、マッハ研究という課題については、マッハの思惟構造を内面的に捉えてゆくことが緊要となろう。要素論、思惟経済説、ファンクショナリズム等々は、マッハ思想の内容をなすものとして知られている。その他、独自の法則観、また、歴史的視点の強調など、相互の関係が必ずしも明確にされることなく展開されているのである。そこで私たちは、それをどう統一的に理解してゆくか、あるいはどの側面を最も重視すべきかという問題に直面する。そういった問題への導入として、ここでは従来のマッハ観を若干見ておきたい。まず論理実証主義の祖とか現代物理学の先駆というように位置づける見解を、次にフィリップ・フランクの見解を見ておこう。

論理実証主義の祖としてのマッハということがいわれる。だが、具体的内容に立ち至って述べられることは少ない。一般的にいえば、マッハ思想における実証主義的観点、それを成り立たせているところの現象主義、反形而上学の主張等が考えられているのであろう。しかし、このような位置づけは、思想内容の面のみならず、歴史的事情にもよっていたと見ることができる。すなわちウィーン大学でのマッハの位置、マッハ協会等にである。論理実証主義者たちは、名前をしばしばあげているにしても、おそらく初期の人たちをのぞけば、自分自身マッハに親しみそこから多くを学んだという人はそれほど多くないはずである。実際、マッハの思想は、のちの論理実証主義との関連で見るならば、論理学的な側面が弱い。かりに、その方面はラッセルやウィトゲンシュタインから受け継ぎ、それとマッハ流の実証主義との融合の上に論理実証主義が成立したというにしても、論理実証主義における「実証主義」の内容は、一般的にいえば、イギリス経験論の流れを引く現象主義とさほど異なっていないようにも思われる。このように考えてくると、マッハを単に論理実証主義の前段階として見るかぎりは、マッハの意義なるものもおぼつかないものとなりかねない。この連関ではおそらく、論理実証主義から分析哲学への展開を見とおした大きな科学哲学の流れのなかで考えてゆくか、シュリックなどのような物理学理論の分析から哲学へと移行した人たちのばあいを考察するならば、興味ある論点を引き出しうるかもしれない。

さて、マッハを物理学思想史の脈絡で捉えたらどうであろうか。エルンスト・カッシーラーが彼流の認識論史の一環としてであるにせよ、そのような方面から取り上げているので、それを見てみよう(1)。彼は、その頃の時代についてはおよそ次のような図式で述べている。まず、㈠機械論の時代、つまり近世的機械論を受け継いでいる人たちの段階で、十九世紀後半においては、ヘルムホルツ、ヴント、ボルツマン等をカッシーラーは考えている。次が、㈡現象論の段階、つまりマッハや、いわゆるエネルゲティークの思想家たち(マイアー、オストヴァルト等)、さらに、㈢ヘルツ、ポアンカレ、デュエム等の(構成主義的な)段階である。マッハはこのような中間段階に位置づけられる。機械論とのマッハの対質は、彼の思想の基本モチーフをなしており、ここではあえて言及せず、マッハとヘルツの相違についてのカッシーラーの見解を見ておこう。カッシーラーは、たとえば、理論物理学の基礎概念の捉え方の相違を問題にし、ヘルツにとってそれが「可能的経験の類型」であったのに対し、マッハにとっては「現実的経験の写し」であった、と述べている(2)。つまり理論構築における概念の役割、それの、実在、感覚与件等といったものと区別されたものとしての性格が、マッハにおいては明らかにされていない。マッハにおいては、そのように物理的事実と物理学理論の関係の問題が等閑に付されている(3)。そして結局、マッハの思想は、全体として機械論に対して優位を保ちつつも、構成主義的観点をもたないことが弱点とされる。このようなカッシーラーの見解は、彼の新カント主義的立場に基づいており、明快なものである。そして私たちがマッハを理解するさいの手がかりを与えてくれる。だが他面、明快な歴史叙述の枠が、逆にマッハの思想内容を平板化しすぎているという難点は否めない。

次にフィリップ・フランクの見解を見ておこう。彼の場合は、もう少しマッハの意図に即して考えようとする態度がみられる。フランクが、すべての科学的言明は観察可能な諸量の関係を述べるものでなければならないとするマッハの実証主義的要請は、特殊相対性理論の発見にさいしては有効でありながら、一般相対性理論への展開にさいしては単純化しすぎであることが明らかになったといい、さらに論理実証主義を、マッハの実証主義的要請の緩和と一般化を推し進めた立場として捉えるかぎり(4)、彼のマッハ理解はそれほどオリジナルなものではない。だがフランクは別の箇所で、マッハの哲学的、認識論的営みの意図の所在を論じ、それが統一科学の理念の希求のうちに存するとしている(5)。そしてマッハ自身、彼の理論の価値を、物理学と生理学または心理学との連繫を可能にすることのうちに見ており、さらにまた、彼の原子論批判もここに基づいている（つまり、生理学、心理学を原子論で説明するわけにはゆかず、したがってこれを普遍的理論とみなすことはできないので）とフランクはいう(6)。その他、マックス・プランクのマッハ批判に対する彼の見解、マッハ主義者たちの言行不一致への非難に対する彼の弁明には聴くべきところが多い(7)。そしてまた、そもそも伝統的哲学者たちの云々するような唯物論か観念論かといった類の議論はマッハの意図に反するものであって、彼の意図したものは、「科学の統一（すなわち経済的呈示）」と「形而上学の廃棄」(8)、または「形而上学の廃棄による科学の統一」(9)なのだとフランクはいっている。このようなフランクの見解は示唆的なのだが、ここで難点をあげるとすれば、以上のような議論を媒介にして、彼はマッハ思想の方法論的、批判主義的側面を取り出してゆく傾向が強いことである。彼はマッハの思想を、私たちの時代に適った「啓蒙主義の哲学」(10)とみなす。そして彼は飽くなき批判的精神の意義を強調するのである(11)。なるほどそれは重要なことにはちがいないが、私たちとしては、単なる科学の統一とか批判的精神云々ではつくしきれないマッハ思想の核心を取り出すことが必要である(12)。

さて、マッハの思想内容を考えてみると、いわゆる哲学者のものに比べ、即事象的で、体系性、整合性に劣るといえよう。だが、思うに、そのような点が私たちにとって利点でもありうる。私たちがマッハ思想を再構成してゆくなかで、私たち自身の思索を推し進めてゆくことができる。もちろん、そのためには、かなり意識的、方法的に研究方向が定められなければならないだろう。そこで私は、従来の科学論への反省に基づき、次のように問題設定したい。まず、(一)科学思想ならびに科学思想史の側面から、㈡認識論、ならびに認識論史の側面から。いうまでもなく両者はばらばらに切り離されるべきものではない。だが現状では不用意に混同せず、それぞれを一応別個に追究しつつ、将来的に両者の統一的把握をめざしたいと思う。次節では㈠を扱い、㈡については章をあらためて論ずる（本書第2章、参照）。

2　マッハの科学思想

さて、科学思想の面で、ここで重要になってくる科学は、物理学と感覚生理学(13)である。当時の両科学の情況を追認することは科学論的に重要であるが、特に後者にかんしては十分体系的な資料がない。一般的にいって、十九世紀後半以降の科学思想史的研究は、個別科学ごとにはあるていど進んでいても、連関的、体系的研究は今後の課題といえよう。そこで、ここでは、そのような問題を考えてゆくための、またマッハの思惟構造を捉えてゆくための手がかりをつかむために、マッハの著作から物理学と感覚生理学との連関にかかわるあたりをいくらか取り出しておこう。

マッハは数多くの論文、著書を出しているが(14)、物理学の方面では、『力学史』に示されている彼の力学論が最も重要になってこよう。アインシュタインがマッハについて語るときも主としてこの書を問題にしているのであり、その自伝で、古典力学が物理学の基礎であるとするドグマを揺り動かしている点で学生の彼に深い影響を与えたと語っている(15)。同書は、マッハの他の主要著書が多くは論文の集成であるのに対し、ひとつのまとまった論述をなしている。アルキメデスのテコの原理に始まってマッハの時代に至るまでの力学の発展が検討されているが、単なる歴史的記述というよりは、もう少し構成的性格が強く、のちに見るようにあるていど図式的展開がなされている。マッハはこのようないくつかの科学史的著作を書いているだけではなく、個々の科学上の問題を論ずるさいにも科学史を手がかりとすることが多い。そのようなマッハの態度は、彼の長年の経験からその意義を感得したことによるものと見ることができよう。彼は、たとえば、力学史研究の意義を、力学の思想の核心をあばく手段として、力学の一般的結論を十全に理解する方法として認めている(16)。だが、このように歴史的視点の意義を高く評価しつつも、それを明確な歴史観にまで高めることはしていない。それゆえ、他面で、歴史的研究が、因果的研究によって補完されるべき暫定的研究であるといったりもする(17)(なお、マッハにおいては因果的研究はさらに函数的研究によって取って換わられるべきものである)。

さて、マッハは自然科学の発展にかんして次のような時代区分をする(18)。すなわち、㈠観察の時代、㈡演繹の時代、㈢形式的発展の時代、である。㈠は、当の自然科学における最も重要な事実すべてを観察によって確定する時代であり、㈡は、観察の助けをたえずかりるようなことをしなくとも、事実を思考のなかに模写することのできる時代である。㈢は、模写すべき事実を見とおしよく秩序だて、体系化して、すべての個々の事実が最も経済的に模写されるようにする時代である。マッハは、このような時代が必ずしも明確に区分しうるわけではないと断っているが、総体的にはこのような順序を踏むものと考えている。実際、マッハの論述の仕方を見ると、古代ギリシャに始まり近世初頭で早くも完成してしまう静力学と、あくまで近世の科学である動力学とを区別し、静力学を力学の初期の段階として別個に論じているけれども、その後の動力学の論述はほぼ先の図式どおりに進められている。

以上のような時代区分を考慮しながら、マッハによるニュートンの位置づけを見ておこう。ニュートン力学は、いわば演繹の時代の頂点をなすものである。マッハによれば、ニュートンの原理で、静力学であれ動力学であれ、あらゆる力学上の問題を考えるのに十分である。たとえ困難が生じても、それは数学上(形式上)のものであって原理的なものではない(19)。そしてマッハは、力学の形式的発展にさいしての数学の役割の重要性を認め、それについて論じているけれども、そこでもそれが新しい原理をつけ加えたわけではなく、もっぱら経済的性質のものであるとされる。そして、さしあたりマッハ自身もこの力学の形式的発展の時代にいるのであり、また、ヘルツなどもそうである。ところでマッハの力学論の妙味は、テコの原理についての論述、力の平行四辺形の理解の仕方、また、ニュートンの質量概念の批判的検討などをとおして感得されるべきであろう。そういったことによってマッハのなそうとしたのは、諸理論の科学的なかたちへの純化である。そして彼の力学史叙述は、歴史的事情によって諸理論に付着している形而上学的残滓の除去などに多くの関心をむけることにもなる(20)。

マッハの力学的把握、またそれに基づく力学史の叙述は以上のようなものであり、したがって力学観の変革ということがポジティヴに提出されているわけではない。のちの相対性理論の立場からそのように評価されたりするが、マッハ自身はそのようなことを明確に語れる位置にはいなかった。だが、このような力学史観と相即するかたちで、マッハ自身かなりの自信をもって主張しているものとして力学の相対化の見地があり、ここでそれについてふれておこう。これは要素論の立場などもその背景としており、彼の感覚生理学的研究と深く関係している主張なのである。マッハは、力学を物理学の基礎とみなさなければならないとしたり、物理的な事象はすべて力学的に説明されるべきだとする見解は、ひとつの偏見であると考える(21)。彼にとっては、「純粋に力学的な事象は存在しない」(22)のであり、「力学は世界の基礎を把捉するのでもなければ、世界の一部分を把捉するのでもなく、世界の一側面を把捉する」(23)のである。このように、マッハにおいては力学は相対化されている。互いに加速度を規定しあっているふたつの物体の運動は、ふつうは単なる力学的事象とみなされるのだが、より正確にいえば、この運動には熱的、磁気的、電気的、化学的変化が結びついている。純粋に力学的事象は単なる抽象にすぎないのである(24)。そして、このような力学観は、感覚論的視点によって理論的に基礎づけられる。つまり力学理論にせよその他の理論にせよ、すべて感覚によってのみ裏づけられる、換言すれば感覚内容からのみそれらは抽象されるとマッハは考えるのである。ところで従来のマッハ論の傾向としては、力学批判を基礎とするその物理学論については、それがこのような感覚一元論に依拠することは強調されても、彼の具体的な感覚生理学論からは切り離されて論じられることが多かった。そして、相対性理論などの思想史的先駆として、物理学思想史の枠内で考えられることが一般的であった。だが私たちは、マッハの物理学論と感覚生理学論との内面的連関に積極的に眼をむけてゆかなければならない。

マッハはもともと物理学が専門である。すなわち、若いマッハはウィーン大学で数学、物理学を勉強しており、「電荷と電磁誘導について」（一八六〇年）という論文で博士号を受けている(25)。彼が感覚生理学的研究に立ち向かうにあたっては、かなり偶然的な事情が作用していた。つまり、生活の資を得るため、医学生むけの物理学を講じたりすることがきっかけとなった。だがこれが、マッハ自身語っているように(26)、彼のその後の思索にとって決定的な意味をもったのである。彼は、感覚生理学的研究が、物理学等にとって有意義であるばかりか、それらの基礎をも明らかにしうるものであると確信するに至ったのである(27)。それが彼にとってどのようなかたちで有意義であったかについては多面的に述べられるべきであるが、先にふれた力学の相対化に、理論的な根拠を与えることを可能にしたこともそのひとつである。だが、このような一般的議論とともに重要なのは、個別研究にさいして、そういった観点がどのように具体化されているかということである。感覚生理学の草創期にあって、マッハは、物的モデルの知覚問題への適用、物理学的装置のこの問題への適用等をおこなっている。物理学的研究・実験から感覚生理学のそれへ、さらに後者を媒介にして物理学論の変革へという相互作用のうちに彼の科学論は醸成されるのである。いわれるところの彼の感覚一元論の思想もこのなかから出てくる。マッハにとって感覚とは、感覚生理学的意味にのみ限定されるものではない。それはすべての科学が出発点とすべきものであり、マッハがしばしば用いている意味での要素という言葉で置き換えうる内容をもっている。しかし、感覚といおうと要素といおうと、その意味するものはマッハの著作のなかでは必ずしも明らかにされていない。それゆえ、私たち自身がそれを確定してゆく努力をせざるをえないともいえるのである。

多面的な問題の究明が必要とされるゆえんである。

さて、先に、マッハの具体的、個別的研究に即しての問題の究明の必要性を述べたが、それを全般的に究明することは別の機会に俟つことにし、ここではそれのための手がかりともなるひとつの基礎的な問題、すなわち、物理学にとっても感覚生理学にとっても基礎的である空間の問題を取り上げておこう。つまり、物理学的空間と感覚生理学的空間との連関ということをとおして、両科学の相関の一端を垣間見ておこう。

空間について、彼はある箇所で、生理学的空間と計測的空間という対置によって話を進めている(28)。マッハが生理学的空間ということで考えているのは、「私たちの意識が十分に目覚めているさいにあらかじめ眼前に見出すところの、私たちの感性的直観の空間」であり、計測的空間とは「概念的空間」のことである(29)。後者は従来の古典力学的世界像の基礎にあるところの、ユークリッド幾何学的に実体化された空間と言い換えてよいだろうが、伝統的な意味での物理学的空間である。結論的にいえば、計測的空間は生理学的空間に関係づけられることによって相対化されるのである。このことはさらに「視空間はユークリッド空間よりもむしろ超幾何学者の構成体に同等である」(30)という認識と相俟って、単なるユークリッド幾何学の相対化ということにとどまらず、当時発展しつつあった超幾何学(非ユークリッド幾何学)に呼応する態度を示すまでに至っている。もっとも、幾何学のその後の発展を考慮に入れるならば、ヒルベルト等の公理論的幾何学の構想も出てくるので、このようなマッハの見解がプラスの評価ばかりを受けるわけではない。だが、いずれにせよ、公理論的な思考をしているところがないでもないが、彼の主要な立脚点は、経験主義的、または歴史的＝発生論的な視点である。カントがそうしたように、物理的経験に左右されないものとして空間を考えることは不可能ではないにしても、幾何学の発展のためにはそれでは不十分で、経験概念がどうしても必要なのだと彼はいう(31)。彼の空間把握は、身体論的、行動論的方向からも肉づけされてゆく。空間感覚は両眼をもち、腕や手足をもった、要するに身体をもった者（あるいは身体としてある者）という具体性において捉えられる。そしてこの空間を成立させるところの身体はまた、静止した身体ではなく、動的な身体でなくてはなるまい。人が、自分の場所を離れることができず、自分の方向を変えることができないならば、ユークリッド空間などの概念に到達することは難しいだろうとマッハはいっている(32)。そしてさらには、種々の空間感覚を（身体の）運動を媒介にして統一的に捉えてゆくという方向を示している。すなわち、視空間、触空間、聴空間等は、運動によって結びつけられるというのである(33)。

なお、空間とともに基礎的概念である時間について一言ふれておくと、前記の空間の問題についての論文と平行する論文(34)で、彼は生理学的時間と計測的時間という対置によって話を進めている。しかしそこでは時間の発生論的な理解が基調になっているので、問題の複雑化を避けるためあえて取り上げないが、そこでも生理学的時間と物理学的（計測的）時間を相関的に捉えることにより、固定的時間概念の打破をめざしていることが読み取れるのである。また、注意の働きによるエネルギーの消費を時間感覚と結びつける考えも、生理学的なものと物理学的なものとを媒介しようとする試みを示しているといえよう(35)。

さらにまた、次のような論述もある。

「幾何学的洞察は物体どうしを空間的に比較することを通じて得られるのであるから、時間をも考慮に入れざるを得ない。というのは、そのような比較に際しては物体の移動ということを無視することは不可能だからである。」(36)

ここでは、空間と時間を物体の移動（Transport der Körper）という操作的概念で媒介し、さらにそれをとおして形式主義的な幾何学観の変革を志向している点で興味深い。

マッハにおいては、空間、時間はしばしば要素のひとつに数え上げられる。ところが他面、それらは特殊な種類の感覚であり、函数的依属関係であるともいわれる(37)。このようにマッハの論述は、必ずしも首尾一貫しておらず、その意味でとりわけ方法的アプローチが必要である。そこで、次のような論点を指摘し、今後の研究方向を定める手がかりとしたい。それはマッハにおける身体の位置の問題である。すでに空間、時間概念についてもあらわれてきているが、その他、身体のかかわってくる問題をマッハにおいて探せば、眼球や聴覚神経等の変容が知覚に及ぼす影響の研究(38)、他人の認知は自己の身体との類比における他人の身体の把握をとおしてなされるといったことの指摘(39)、人間が両眼をもっていることの意義の研究(40)などがあげられる。さらにこれに関連して、科学論的には、感覚生理学の科学としての位置、またその手法の意味が明確化されなければならない。すなわちそれぞれの諸科学のなかでの位置、それにおける物的モデル使用の意味等々である。これらのことは、なるほど彼の要素論や思惟経済説で一応説明づけることはできる。しかしのちに見るようにこれらの原理はそれ自身問題をはらむものであるし、また、私たちの課題は単にマッハ論を仕上げるだけではなく、現代の科学論的課題を見とおすことでもなければならず、それゆえ、そのようなもので満足することはできない。実験心理学の成立期という時代的背景のなかに上述の論点を位置づけ、さらに物理学その他の諸科学との連関のなかで、歴史的、概念的にあとづけてゆくことが重要である。

注

(1)　E. Cassirer, *The Problem of Knowledge*, 1950.
(2)　*Ibid.*, p.106.
(3)　*Ibid.*, p.108.

(4) Ph. Frank, "Einstein, Mach and Logical Positivism", in *Albert Einstein —philosopher-scientist—*, ed. by P. A. Schilpp, 1949, 参照。
(5) Ph. Frank, *Modern Science and Its Philosophy*, 2nd ed., 1950, 参照。特に第二章と第三章。
(6) *Ibid*., pp.69ff.
(7) *Ibid*., pp.64ff., 参照。
プランクのマッハ批判(『物理学的世界像の統一』)は、「その果によってこれ(樹)を知れ」と結んで、暗にマッハの思想が不毛に終るだろうことをほのめかしている。フランクは、しかし、結着はそう簡単につけられるものではなく、かりに現在、マッハ思想が不毛な面をもつようにみえても、将来的にさらに実りある結果を生み出すかもしれないとする立場をとる。

また、マッハ信奉者が、その認識論上の発言と実際の研究における態度とのあいだに不一致がみられることで、しばしば批判される。これについては、マッハの所説は原理的にそうあるべきことを述べたものであり、したがって、私たちは実際面でつねにそれに即さねばならぬということではない、という意味のことをフランクはいっている。
(8) *Ibid*., p.82.
(9) *Ibid*., p.89.
(10) *Ibid*., p.72.
(11) *Ibid*., p.78.
(12) 科学の統一とか批判的精神ということで事足れりとするのであれば(フランクは必ずしもそう言うのではないが)、マッハにまで遡らずとも、その辺を十分体系的に展開しているカール・ポパーの科学論を見ればよいであろう。彼の思想、およびその問題点については、拙論「カール・ポパーの科学論をめぐって」『北海道哲学会報』十九号、一九七二年所収、参照。
なおここでその他のマッハにかんする文献について若干述べておく。E・フッサール『論理学研究(第一巻)』(一九〇〇年)、レーニン『唯物論と経験批判論』(一九〇九年)がマッハを批判している。それぞれ一面的といえるけれども、自己の哲学的立場からマッハを切る面白さがあり、古典的価値があるといえよう。また、のちにふれる、R・ヘーニヒスヴァルト『マッハ哲学の批判のために』(一九〇三年)は、マッハ解釈のひとつの典型をなすものとして重要である。その他、マッハについてのかなりくわしい研究書（R・シュルツ、R・ティーレ、F・カルフェルツのものなど）があるが、あまり問題にならないと思う。F・アドラー『エルンスト・マッハ、機械的唯物論の克服』（一九一八年）は、マッハ思想の受け取られ方を知るために見ておきたいが、未だ入手できず、その機会に恵まれていない。

最近、*Boston Studies in the Philosophy of Science*, vol.VI, 1970, がマッハ特集をおこなっているが、特にめあたらしい動向はみられない。そのなかで、E・N・ヒーバート「マッハの初期の原子論観の生成」は、マッハのあまり一般的でない文献にまで眼をとおして、この問題を思想史的にあとづけている。論者の意図が不明確なためか、いくぶん散漫になっているが、このような文献的、思想史的研究も必要であろう。

マッハ関係の文献については次のものを参照。

J. Thiele, "Ernst Mach—Bibliographie", in *Centaurus*, vol.8, 1963, pp.189-237.

本格的なマッハ論の展開は、今後の課題といえよう。

（13）マッハにおいては、心理学（Psychologie）、生理学（Physiologie）、感官生理学（Physiologie der Sinne, Sinnesphysiologie）といった用語が用いられており、それらの区別の根拠も示されている。しかし、他面これらがひとかたまりで物理学に対置されるばあいもあるので、そのさい、便宜的にこう呼んでおく。

（14）彼の主要な著書としては、物理学関係のものとして、『仕事保存の原理の歴史と根源』（一八七二年）、『光学的・音響学的研究』（一八七三年）、『力学史』（一八八三年）、『熱学の諸原理』（一八九六年）、『物理光学の諸原理』（一九二一年—遺稿）が、感覚生理学関係のものとして、『運動感覚論綱要』（一八七五年）、『感覚の分析』（一八八六年）が、さらに『通俗科学講義』（一八九六年）、『認識と誤謬』（一九〇五年）のような、両科学の一般的成果や認識論的問題を扱ったものがあげられる。

（15）**A. Einstein, "Autobiographisches", in *Albert Einstein—philosopher-scientist—*, ed. by P. A. Schilpp, 1949, p.20.**
また、マッハ追悼文でも『力学史』のなかのニュートン力学批判に多く言及している。A. Einstein, "Ernst Mach", in *Physikalische Zeitschrift*, XVII, 1916, 参照。

（16）*Die Mechanik in ihrer Entwicklung, historisch-kritisch dargestellt*, 7.Aufl., 1912（以下、*Mechanik.* と略記）, S.VI f. 『力学』伏見訳、講

談社、一九六九年、一頁。

(17) *Die Analyse der Empfindungen und das Verhältnis des Physischen zum Psychischen*, 8.Aufl., 1919（以下、*A.d.E.* と略記）, S.81.『感覚の分析』須藤・広松訳、法政大学出版、一九七一年、八四頁。
このことに関連して、経済学者C・メンガーの名も引きあいに出されている。

(18) 以下の叙述については、*Mechanik.*, S.409. 邦訳三九一頁を参照。

(19) *Mechanik.*, S.272. 邦訳二五七頁。

(20) テコの原理はテコの色などの相違が影響を及ぼさないという前提に立っていることの指摘、力の平行四辺形の法則はアプリオリなものではなくまったく経験的なものであることの指摘、あるいはニュートンの質料概念は循環論法に陥っており、あらたな定式化が必要であることの指摘およびその定式化の試み、等々は、そのような意図のもとでなされたものとして了解される。

(21) *Mechanik.*, S.472. 邦訳四五三頁。

(22) *Mechanik.*, S.472. 邦訳四五三頁。

(23) *Ibid.*, S.485f. 邦訳四六五頁。

(24) *Ibid.*, S.472. 邦訳四五三頁。

(25) この辺のことについては、K. D. Heller, *Ernst Mach, Wegbereiter der modernen Physik*, 1964, S.11ff.

(26) "Die Leitgedanken meiner naturwissenschaftlichen Erkenntnislehre und ihre Aufnahme durch die Zeitgenossen", in *Physikalische Zeitschrift*, XI, 1910, S.603f.

(27) たとえば、*A.d.E.*, S.VI. 邦訳VI頁、参照。

(28) 『認識と誤謬』所収の「計測的空間に対する生理学的空間」という論文、参照。

(29) *Erkenntnis und Irrtum, Skizzen zur Psychologie der Forschung*, 5.Aufl., 1926（以下、*E.u.I.* と略記）, S.37.

(30) *Ibid.*, S.338.

（31）*Ibid.*, S.351.

（32）*Ibid.*, S.347.

（33）*A.d.E.*, S.112n. 邦訳一三九頁。
　また、他の箇所では、「空間知覚は生物学的必要から生じたものであり、そしてまたこれにより最もよく理解されるであろう」(*A.d.E.*, S.151. 邦訳一五三頁) と、生物学的立場に結びつけて述べている。生物学的立場についてはは次章でいくらかふれるつもりである。

（34）『認識と誤謬』所収の「計測的時間に対する生理学的時間」という論文。

（35）*A.d.E.*, S.204ff. 邦訳二〇四頁以下、参照。

（36）*Ibid.*, S.284. 邦訳二八一―二八二頁。

（37）*Ibid.*, S.284. 邦訳二八二頁。

（38）*Ibid.*, S.12f. 邦訳一四―一五頁、参照。

（39）*E.u.I.*, S.5-7, 参照。

（40）『通俗科学講義』所収の「なぜ人はふたつの眼を持つか」という論文、参照。

第2章　エルンスト・マッハの認識論

1　序

エルンスト・マッハの思想家としての性格について、フィリップ・フランクはそれをフランス啓蒙主義の系譜のうちに置いて考えている(1)。あの啓蒙思想家たちにみられるような社会的関心と熱烈な自由主義はいささかマッハには縁遠いにしても、科学的、技術的問題への関心のありようから見ると、たしかにこれに近いものをもっている(2)。このことは論理実証主義の祖とか観念論の権化といった評価がともすれば一般的なものになりがちな折から、注目してよいことである。こうしたマッハ像の可能性は、私たちにマッハの再検討を促すことにもなる。

だが、彼の多面的な関心は必ずしも体系だてられていないので、その思想を具体的に論ずるために的をしぼってゆくにあたっては、どうしてもだいじな主張の一部を無視せざるをえない。また科学者らしく、哲学的問題の大局的把握をこととし、微細にわたる議論をしていないので、マッハの論述のみに頼っていては十分突きつめて論ずることはできない。この二点を考慮しながら、ここではマッハの認識論上の諸説を検討し、あわせて認識をめぐる諸問題を考えてゆきたい。

マッハの認識論については、リヒアルト・ヘーニヒスヴァルト『マッハ哲学の批判のために』(3)が、簡単にではあるけれども、先駆的に論じている。これは一言でいえば、カント主義的立場からのマッハ「哲学」批判の書であり、マッハ解釈のひとつの典型をなしている。有名な「マッハ哲学なるものは存在しない」(4)というマッハの発言も、この批判に対する反論としてなされたものである。このことばの趣意はほぼ次のようなものであった。すなわちマッハは一個の自然科学者として思索しているのであること、そしてそれはマッハ「哲学」などというものではなく、せいぜい自然科学的認識論と認識心理学といった程度のものであり、そして自然科学の理論と同様一歩一歩進められるべきものであって、ヘーニヒスヴァルトのようになにか確定的な言説を読み取ろうとするのはまちがいであるということである(5)。このようなマッハとヘーニヒスヴァルトとの意見のくい違いは、一般に科学(者)と哲学(者)とのあいだのそれを象徴するかのようであり興味深い。そしてむしろこのようなくい違いのゆえに、ヘーニヒスヴァルトの批判は私たちにとってマッハを論ずるさいのひとつの手がかりになるであろう。

さて、マッハは『感覚の分析』第四版序文で、この書では認識論的転回(erkenntnistheoretische Wendung)が試みられるのだといっている。この認識論的転回(方向転換)こそはマッハが物理学や感覚生理学の研究をとおして一貫して追究してきたテーマであったといえる。そして彼の、いわゆる要素論と思惟経済説は、このような転回を可能にするための原理として考え出されたものであった。彼の認識論上の諸見解はほぼこのふたつの原理に集約できる。そこで、それぞれの内容をさしあたり必要なかぎりで概観しておこう。

マッハは存在の、あるいは認識の根拠を感覚のみに求めるが、この感覚の実質をなすのが要素である。要素としては、色、音、圧、さらには空間、時間があげられている。この要素をその連関の具合から次の三つに類別することもできる。すなわち、

ABC……　ふつうには物体と呼ばれる。色、音等の複合体。
KLM……　身体と呼ばれる複合体。
αβγ……　意志、記憶像等の複合体。

そしてこのさい、通常αβγ……⇅KLM……⇅ABC……というように規定しあうものとされる(6)。このような類別は科学を分類するさいの基準にもなる。つまりαβγ……による他の要素の模写が科学の役割であるが、最広義の物理学はABC……の相互連関をαβγ……で模写し、感官生理学または感官心理学はKLM……のABC……に対する連関をαβγ……で模写する。生理学はKLM……の相互間ならびにABC……に対する連関をαβγ……で模写し、そして本来の心理学的諸科学はαβγ……を他のαβγ……で模写する、といったように(7)。

他方、思惟経済説は、科学を原理的にいかなるものと考えるかという問いに対するひとつの解答とみなすことができる。すなわち彼は、思惟経済、あるいは事実の経済的記述を科学の本質と考える。思惟の経済とは砕いた言い方をすれば、より少ない思惟作用でもってより多くの事実を理解することにあるといえよう。抽象的概念の使用、数式の利用、法則的把握等は、このような思惟の節約のためのものである。探究の論理化をはかるためにマッハの導入した恒常性または連続の原理と、充足規定性または充足分化の原理とのふたつの原理も、思惟経済説に帰着せしめられる(8)。自然法則を期待の制限として捉える観点も同様である。

要素論をもってマッハの根本的思想とみなす見方が一般的である。この要素論はその後の受け取られ方から見ても明らかなように、極端な観念論の根拠とも極端な唯物論の根拠ともなりうる性格をもつものであるが、マッハとしてはむしろそうした枠を止揚するものとしてそれを考えようとしているのである。彼は感覚とか現象といったことばのもつ一面性を避けるため、要素ということばを用いるむねを述べている(9)。

さて前述のヘーニヒスヴァルトは要素論にかんして次のような問題点を指摘する。すなわち、すべてが要素から成り立っており、自我などが迷妄にすぎないというのなら、要素の連関を把握するのは何か、要素がひとりでに連関を形成するのか、と彼は問う。あるいは、自我という要素複合体(Ich-Komplex)が要素を把握すると考えるのもおかしいではないか、と彼はいう(10)。ところで要素の連関を把握するさいの原理となるのは思惟経済説である。それゆえヘーニヒスヴァルトは上述の批判を次のようにも表現している。

「流れる意識による経済的『流れの把握』ということでマッハは何を考えているのか。このようなもの［流れる意識］には流れの知覚は拒否されていることを彼は忘れている。」(11)

ヘーニヒスヴァルトは、この思惟経済説にはなんらかの確固とした主体が必要であり、そして現にマッハはそれを設定しているという。こうして、ヘラクレイトス的永遠流転の命題――とヘーニヒスヴァルトは要素論を特徴づける――の観点からすればまったく唐突に、つまりこれに背馳するかたちで、マッハはこのような主体を取り込んでいると彼は批判するのである。

この主体をめぐる問題はマッハの認識論の性格をみきわめる上で重要な論点となりうる。だがこの問題も含めて、マッハの認識論を明らかにするためには、要素論と思惟経済説、および両者の関係をさらに検討しなければならない。

2　要素論と思惟経済説

要素論と思惟経済説をマッハにおける相互に独立した基本原理として対置したとき、この両者はどのように関係しあっているのであろうか。この両者は認識の原理をなすものといえるであろう。だが私は、ここではむしろもっと具体的に記述の原理として両者を位置づけておきたい。マッハが科学の役割を記述に求めているからである。「記述(Beschreibung)」ということばは当時すでにキルヒホッフが、彼の著『力学講義』(一八七四年)で用いていることで知られていた。そこでキルヒホッフは、力学の課題を、自然界における運動の最も完全で最も単純な記述にあるとしたのである。それではなぜキルヒホッフやマッハは記述ということを強調するのであろうか。これには種々の事情がからんでいると思われるが、まずいえることは、それが説明(Erklärung)に対立するものとして提出されていることである。ふつうには説明こそが科学の果たすべきものとされるが、それが因果概念などの形而上学的なものと結びついているために、それにかえるに記述をもってするのである。記述は、マッハにとっては「諸事実とそれの連関の確定(Konstatierung der Tatsachen und ihres Zusammenhanges)」という内容をもっている。さて、私はこのような記述を支えるものとして先の要素論と思惟経済説を考えようというのである。このばあい、両者はそれぞれ次のように記述にフォルムを与えていると見ることができよう。

(A) 存在するものは要素だけであり、この要素の依属関係を確定することが記述の内容をなす。

(B) 思惟を節約することが記述の役割である。

マッハは要素論と思惟経済説とは調和するものと考えようとしている。それは次のような発言からもうかがえる。

「事実が少数の同種の数え分けられる要素だけに分解されるような科学は、経済的な面で最も発達した科学である。たとえば力学がそうであって、そこにおいては、私たちは空間と時間と質量のみを取り扱えばよい。」(12)

つまり、ここでは、要素による記述即経済的記述とマッハは考える。だが一般的にそうはいえても、現実的には必ずしもそのようにうまくはゆかないことを考慮してか、要素論をその経済的意義に帰着せしめる発言もしている(13)。一般に要素論は、記述がいかなる仕方でなされるかはあまり問題にしえないといえよう。なるほどそれは(A)で定式化したかたちで記述に方向性を与えているといえようが、実際には要素という語の示す内容のあいまいさがそれを妨げている。で、結局マッハにおいて記述の遂行に方向づけを与える役割を果たしているのは思惟経済説のほうである。そこでこの思惟経済説についてまず見てゆこう。思惟の経済、換言すれば思惟の負担の軽減が、人間の具体的行動におけるる経済をもたらすであろうことは一般的に認められるであろうし、思惟経済として捉えられる科学の起源も、そのような人間の生物学的要求に基づいていたといえよう。にもかかわらず、マッハはそれに思惟の経済をストレートに結びつけることを明らかに避けている面がある。それは次のような理由によるものといえる。つまり、思惟経済に基づくところの科学は、生物学的要求と無縁ではないにしても、それから相対的に独立しているという事実があるからである。マッハもいっているように、はじめは肉体的欲求を満たすための手段の位置にあった最小限の精神的負担による認識は、それ自身自立してきて、前者は直接的には顧みられなくなるといったこともある(14)。けれども思惟経済説といわゆる生物学的視点はまったく切り離されるべきであろうか。私たちはむしろ両者の相対的独立を認めた上で、あらためて両者の関係を問題にしなければならない。生物学的視点から切り離された思惟経済説の抽象性は免れ難い。

法則論を扱っている『認識と誤謬』中の一論文(15)ではこの両側面がひとつの均衡に達している。そのことは「期待の制限(Einschränkung der Erwartung)」という用語にあらわれている。そこではまず自然法則の客観主義的把握と主観主義的把握との対立についてふれられ、そのあとで次のようにいわれる。

「しかしながら私たちが自然科学の生成をすなおに考察するならば、その始源は、自然現象のうちでまず私たちにとって直接的に重要な側面に注目し、あとになって初めて私たちの関心はそれの間接的に重要な側面へとさらに拡大してゆくということのうちに認められる。」(16)

そしてこうした把握に基づき、『自然法則』は、その始源から見れば、私たちが経験の指導のもとに私たちの期待に対して課する制限である」(17)というテーゼを立てる。マッハはこの「期待の制限」という用語を、自然法則の生物学的側面を指示するために用いたむね述べている。だが「行動の制限」といっているのではなく、「期待の制限」というかたちで抽象化、観念化されているのであり、それゆえこの用語のうちには生物学的側面とのつながりの間接性も含意されていると見ることができよう。科学的関心を間接的な生物学的関心として把握する見方ものちに示されている(18)。ところでこの期待の制限は、思惟の筋道を有効に限定し、もって思惟を節約するものであるといえるから、そのまま思惟経済説と重なりあう。かくして「期待の制限」という観点は、生物学的視点と思惟経済説を統一的に取り入れた観点であるといえよう。とはいえ、これは、思惟経済説をある側面から照らし出すことに成功しているにしても、そこに含まれる問題を十分明らかにしたとはいえないのではなかろうか。この理由はゆきつくところ「思惟」とか「生物学的」という概念のあいまいさに帰着するであろう。

プランクの『物理学的世界像の統一』に対する反論においてマッハは、どうして思惟経済説の立場をとるようになったかを回顧することから始めている。そこでは生物学的ということと経済的ということが一応区別して述べられた上で、それらが一致することがいわれている。ところで生物学的（biologisch）というのは、生物の自己保存機能に基礎を求める立場であり、進化論的な思想を背景にもっている。右でもそのような意味で用いたのだが、マッハもそうした意味をこめて使っている。ただここで注意されるのは、マッハはこの箇所では、生物間の適者生存のかわりに、いろいろな思考（あるいは理論）間でのそれを考えていることである。なるほど生物体の自己保存に直接結びつけるよりもこのように考えるほうが、思惟経済説の性格をよりよく表現しうるように思われる。マッハは次のように述べている。

「これら［ラマルクやダーウィンの学説］は一八六四年―一八六七年のグラーツでの私の講義のなかですでに影響をもつようになってきており、科学的思考の抗争を生存競争として、最適者の生存として見る把握によって表現されている。」(19)

このあとに続く叙述を踏まえていえば、結局「思考の事実への適合と思考相互間の適合」(20)ということが基準となり、これに適う思考が生き残るということである。だがさらに、「すべての前進的認識過程は生物学的に有利な過程の特殊ケースまたは部分である」(21)とつけ加えられており、そしてここで生物学的というのは生物の自己保存原理に基づくもの一般を指していると解されるので、先の場合と同じところに帰着することになる。とはいえ、どのようにして思考における適者生存が生物学的自己保存につながるのかが十分説得的には示されていない。

このように種々の面から解明されながらもあいまいさは払拭できない。マッハの上述の小論文でも思惟経済が単なる生物学的基盤に直結できないことが指摘されており、これは大切な指摘である。また彼は別の箇所で、エネルギー法則の認識の問題への適用について消極的な態度を示している(22)。それは知的営みを単に量的に扱うことはできないという理由からであり、これもまた大切な指摘といえる。けれども、それだからといって思惟経済説の内容と性格をあいまいにしておくわけにはゆかない。私は、思惟経済説をさしあたり、人間的個体(これはむろん生物学的基底をもっている)が間主観性に媒介されつつも独自的に思惟してゆくさいの一基準として捉えてゆくべきではないかと考えるが、今はこれについて十分論述する用意がない。

アヴェナリウスは、マッハとは独立に、思惟経済説に類似した考えを『最小力量の原理による世界の思惟としての哲学』(一八七六年)で展開している。この著作の意図するところは「最小力量の原理のもとに哲学の発展を把握すること」(23)である。そしてこの思想の内容を充実するものとして純粋経験が要請される。私たちが真に対象とすべきものである純粋経験を確定するのが純粋経験批判の仕事である。哲学とは、対象の総体を最小の力量で、それはまた言い換えれば最も普遍的な概念で思惟しようとする努力――そのさい、個別的対象を扱う自然科学はその補助的作業として役だてられる――であるが、これは純粋経験を獲得することをとおして達成される(24)。アヴェナリウスにおいては思惟の主体としての心(Seele)が直接的に立てられるあたり、マッハと異なる点はあるにしても、マッハの「連続の原理」、「充足分化の原理」に対応する位置に「持続の原理」、「発展の原理」が提出されるなど、独立に書かれながら共通する志向がみられる。ここでなされている最小力量の原理の説明は、マッハによる思惟経済説のそれよりも多面的で念入りであるといえる。だがここでも「力」の指示するもののあいまいさといった問題が残る。力についての説明は少なく、それもたとえば次のようにいわれているにすぎない。

「力はここではさしあたり生理学的意味で受け取られている。だが力や脆弱、軽減や負担、回復や消耗の感覚は、単に付随的な意識現象とみなされるにすぎない。」(25)

生理学的な意味で「力」を考えるかぎり十分でないことは明らかであるところから、また心の不快反応(Unlustreaktion)とか不快感情(Unlustgefühl)といった心理学的概念を取り入れている(26)。だがこのような心理学的概念もまた最小力量の原理を基礎づけるのに十分とはいえないであろう。

フッサールがマッハの思惟経済説やアヴェナリウスの最小力量の原理を批判したことは知られている(27)。彼はこれらを諸学科の生物学的基礎づけとみなしている。彼がこれらの原理を心理学主義に帰着するものと見、「心理学および特に純粋論理学と認識論の基礎づけに対してはなんらの寄与もなしえないこと」(28)を証明したとしても、さしあたり彼らがフッサールのようにイデア学、規範学をめざしてはいないかぎり、彼らにとって致命的なものとはならない。とはいえ生物学的基礎づけという評価はどんなものであろうか。彼はさらに説明して、「一般に生物学的諸科学において非常に有益であり、総じて一般的な進化思想に包含されるあの価値高い目的論的諸観点のひとつ」(29)が問題になっているのだともいう。けれども思惟経済説も最小力量の原理も単に生物学的なものではないことは明らかである。そうではないからこそ概念のあいまいさ、意見の動揺が避けられなかったといえる。とはいえそれを処理しきれず、つまり生物学的側面を全面的に受容することもできず、またフッサールのように生物学的側面を全面的に排除することもできず、あるいはまたふたつの立場を原理のなかに構造的に位置づけることもできずに、結局は生物学的な議論およびそれとのアナロギーによる議論を越えることがなかった。それゆえフッサールが彼らの立場を生物学主義とみなしたことはもっともなことである。さてフッサールは、マッハ、アヴェナリウス批判を一応しめくくるにあたって次のようにいっている。

「この思惟経済説的方向のいろいろな誤謬は結局、この方向の代表者たちの認識の関心が――心理学主義者一般のそれと同様――学問の経験的側面に執着したままであることに由来するのである。」(30)

フッサールのこの批判にもかかわらず、彼らが経験に執着したことは必ずしも欠点であったとは思われない。ただそのばあい、(フッサールの使っていることばでいえば)「技術学(Kunstlehre)」としてさらに追究され、仕上げられるべきではなかったかということはできる。そうすれば私たちにとって、それが止揚されるべきものとしてであれ、より多くの示唆を与えるものとなったであろう。

さて、以上では思惟経済説のほうから話を進めてきたが、次には要素論のほうから見てゆこう。要素論がマッハにおける最も基本的な原理とされることが多いにもかかわらず、それを深める方向が提起されないのはなぜかと考えると、それは「要素」の具体的内容の不明確さによるところが多いように思われる。レーニンは要素なるものの欺瞞性を突いている(31)。レーニンには、それが主観的観念論を粉飾する詭弁的言辞とうつったのである。レーニンの批判自体はいささか独断的に思われるにしても、要素のあいまいさは否定しえない。色、音、圧、空間、時間等々が究極的要素であるといわれるが、それも暫定的に(vorläufig)ということわり書きがついての上である(32)。ある箇所では、ＡＢＣ……の例として葉の緑、緑を保つ光、ＫＬＭ……の例として眼の開かれていること、網膜の感覚性をあげている(33)。また独我論の問題がある。彼は$\alpha'\beta'\gamma'$……、$\alpha''\beta''\gamma''$……といった他人の表象を設定するが、これはKLM……と、K′L′M′……、K″L″M″……といった他人の身体とのアナロギーによって、付け足して考える(hinzudenken)ことができるにすぎない[34]。マッハは、独我論の否定のためには普通人の哲学的立場の導入ということで一応結着をつけている[35]。さらにまたマッハにおいて概念のもつ意義が闡明されていないことはしばしば指摘されるところである。要素がこれに対していかなる位置にあるかが十分明らかにされていないことが彼の記述の立場にとってつまづきとなっていることは否めない。彼の要素論は以上のような問題をはらむものである。

ところで彼は、要素論を中心とする彼の基本的主張を『感覚の分析』の第一章(反形而上学序説)で呈示しているが、それをしめくくるにあたって次のように言っており、それは上述の問題点に対してひとつの答えをなしているといえよう。すなわち、

「この『序説』は決して普通の人の立場に対して不信の念を生じさせようとはかるものではない。生涯の大半をつうじてなぜ、どんな目的のために私たちはこの立場をとるのか、そしてなぜ、どんな目的のために、どういう方向に一時この立場を去らなければならないのか、ということを示すのがもっぱらの課題なのである。いかなる立場も絶対的、永続的に妥当するものではなく、ある一定の目的にとって重要であるというにすぎない。」[36]

ここに要素論を方法論化する徴候を読み取ることができる。このことは別の箇所でさらにはっきりといわれている[37]。そこでは要素の立場が近代科学のものであることがいわれ、また私たちの扱う要素が暫定的なものであると主張される。だがここで要素論の方法論的性格がいわれていても、それが他の原理、たとえば思惟経済の達成のための

方法となるということではない。そうではなくて、これらの原理がともども、ある事柄を明らかにするための方法としての位置を占めるということであろう。では要素論はどのような事柄を明らかにするためのものであるかというと、マッハ自身しばしば述べているところによれば、それは物理的事実と心理的事実を統一的に明らかにする原理である(38)。とはいえ、このような事実を明らかにする単なる方法として要素論があるということはできない。なぜなら要素は感覚的事実そのものであると彼が再三主張しているからであり、この主張を無視するわけにはゆかないからである。それゆえ、要素を方法的な性格をもったものとして解釈することはできても、事実を明らかにするための単なる手段とするような方法論的解釈をとることはできない。結局次のようにいえよう。要素というものは私たちにあらわれてくるがままの感覚とはいえない。それはまさに物体、自我等を認める自然的世界観のものだからである。しかしながらマッハはこのような自然的世界を排去するわけではなく、また(フッサールのいう意味での)領域的存在論の位置に要素論を置くわけでもない。他面から見れば要素は現にあるがままの感覚にある。このような点に要素論の特色と、そしてまたその困難さがあるといえよう。

さてこのような問題を考えるためにも、ここでさらに要素論の具体的内容に立ち入ってゆこう。要素論の性格を考えるさいに出てくるひじょうに重要な論点として、模写ということ、あるいは模写における要素の位置ということがあげられる。先に記述ということに焦点をあわせ、それに対して要素論と思惟経済説がどのような位置に立つのかということにふれ、(A)と(B)に分けて(A)のほうで、要素論の側から見た記述ということで、要素の函数的依属関係を確定することが記述の内容をなすと定式化しておいた。これをさらに「$\alpha\beta\gamma$……によってその他の要素の連関が模写されることによって科学が成り立つ」(39)とするマッハの立場に即していえば、諸要素の連関を$\alpha\beta\gamma$……で模写することが記述であるということができる。マッハにおいては要素というものは本来同種的なものであり、ただ個々の要素の結びつきの具合に基づいて便宜的にＡＢＣ……、ＫＬＭ……、αβγ……に類別されたのであった。だがαβγ……において模写が実現されるというのであれば、αβγ……の独自の位置が明確にされなければならない。

前にも示されたように、ＡＢＣ……とＫＬＭ……、ＫＬＭ……とαβγ……が連関しあうものとされ、したがってＡＢＣ……とαβγ……との連関は二つの連関をとおして連関するものと考えられる。ところでＡＢＣ……とＫＬＭ……との類別は、前者がふつういう意味での物体の世界であり、後者は人間の身体であって混同しようもないといえるが、要素論の観点からは、αβγ……に直接連関しうるほうをＫＬＭ……とする、と規定することも可能であろう。「自我」というものに注目するならば、αβγ……をもって（狭義の）自我と考えることもできるし、αβγ……ＫＬＭ……をもって（広義の）自我と考えることもできる(40)。だがいずれにしても今はαβγ……が問題であり、これに対してＡＢＣ……とＫＬＭ……が同レヴェルにありながら、αβγ……と連関しうる、いわゆる感覚器官であるところにＫＬＭ……の特徴があるとすれば、さしあたり三者の連関の要をＫＬＭ……とαβγ……との連関に置くことができよう。この点を論じたのがマッハのいわゆる平行論、くわしくは「心理的なものと物理的なものとの完全な平行の原理（Prinzip des vollständigen Parallelismus des Psychischen und Physischen）」(41)である。この原理の趣旨は次のようなものである。

マッハによれば(42)、感覚を、直接それ自体として心理学的に分析することもできるし、それに対応する物理（生理）学的過程も研究でき、あるいはまた心理学的に観察できるものとそれに対応する物理（生理）学的過程との連関を追究することもできる。ここで問題になるのはこの最後のばあいである。そして、ある感覚Ｂ（たとえば色の感覚）にはそれと同一の神経過程Ｎが対応するというのが平行論の主張である。またこれを一般的な発見的原理としてＮの追究がなされるべきだということである。ところが末端の感官とは無関係に起こる幻覚のような事例もあるので、上述のことはさらに限定され、「それゆえ、鎖の最後の環である、ある神経過程こそ感覚の本質的かつ直接的な制約である」(43)ということになる。こうして結局、この最後の環（脳髄がこれにあたると考えてよいだろうが）と感覚との連関について平行論が成り立つということになる。心理的なものと物理的なものとは本来差異のないものなら、両者の平行論を唱えるのは意味がないのではないかという反論に対する答えとして、平行論はまた次のように表現されている。長いけれども引用してみよう。

「私が緑の葉を見るばあい――これはある脳髄過程によって制約されている――、形、色等々はすべてそれ自体としては同種であり、それ自体心理的でも物理的でもないけれども、私に見える葉の形、色等々とは異なるのである。脳髄過程に依存しているとみなされる、見られている葉はある心理的なものであり、他方この脳髄過程そのものは、それの要素の連関に即しては、ある物理的なものである。そして第一の直接的に与えられる要素群の、（多分復雑な）物理的研究をつうじてはじめて与えられる第二の要素群に対する依属関係について、平行原理が成立するのである。」(44)

ここでいわれている「物理的なもの」とは身体におけるそれ、つまりふつう「生理的なもの」といわれるものと同じである。この文章は、彼の平行論の主張を端的に叙述しているといえる。さて、ここで問題になるのは、私に見える葉の形、色等々はＡＢＣ……で表現されるのか、αβγ……で表現されるのかという点である。先に見たようにＢとＮとの平行がいわれる。だがむしろ、βとＮとの平行を考えるべきではないのか。この感覚（たとえば葉の緑）はＢであると断言するわけにはゆかない。なぜならこの葉の緑の感覚は夢や幻覚でありうるからである。けれども他方でこの感覚がβであると断言するのもはばかられる。そうするとマッハがβと別にＢを立てる意味がなくなってしまう。そしてさらにはαβγ……とは別のABC……という要素群は無用のものとなってしまう。この両面を考慮するならば結局、類別の基準をそのあらわれ方の違いに求めざるをえないであろう。厳密にどこまで類別できるかは問題であるにしても、このような類別はごく日常的におこなわれる。死んだ某氏が眼前にあらわれたとすれば、それは幻覚（αβγ……から成り立つ）かよく似た別人（ABC……から成り立つ）でもあろう。また地上にあるりんごは腐るが記憶像としてのりんごは腐らないということによって両者は区別される。このようにして、ABC……とαβγ……は一応類別される。そしてこのABC……やαβγ……にKLM……が対応づけられる。KLM……はこのばあい感覚にとって独特の位置、役割をもつことになる。

このような平行論などに基づく身体KLM……の特殊な位置ということがなければ、マッハの認識論はヒュームのそれと似た構造になり、もっと明快なかたちをとることができたであろう。だがマッハは認識論を科学論として展開しているのであり、それゆえ、心理学、生理学を科学論的に基礎づけるためにもこのような問題を追究してゆくのである。

ところで、こういったABC……、KLM……、αβγ……、の要素連関をαβγ……によって模写するところに記述が成り立つということであった。ABC……、KLM……をαβγ……のうちに模写するとはどういうことであろうか。またしてαβγ……をαβγ……のうちに模写するとはどういうことであろうか。ふつうこのような場面で登場するのは概念である。概念を用いることによって十分な記述がなされるだろうし、他者への伝達がなされるであろう。マッハがここで概念というものを持ち出さずにαβγ……による模写をいう背景には、彼の概念に対するある見方が予想される。概念について彼は次のように言っている。

「概念はそもそもできあがっている表象ではない。ある概念を指示するためにことばを用いるばあい、このことばには、熟知の感性的活動を促す単なる衝動が含まれているだけであって、この活動の成果として感性的要素(概念の徴表)が生ずるのである。」(45)

また、次のようにもいっている。

「したがって抽象概念をある事実に適用するとき、その事実は、その後の思考過程を事実にみあうように規定しうるような新たな感性的要素を供与する、感性的活動への単なる衝動として働くにすぎない。」(46)

マッハの概念に対する評価は消極的である。彼は感性的要素を基準にしており、これとの関係で概念を問題にするのである。要は感性的要素を過不足なくαβγ……によって模写することである。

けれども一回かぎりの個別的事実のみに依拠していては認識に到達しないことは通常いわれるところであるから、たとえマッハが概念を低く見積るとしても、概念化をどこかで契機として取り込んでいるのではないか、彼のいう記述もそれを前提しているのではないかと問うことはできよう。実際、マッハのいう記述は要素による記述ともいわれるが、そのばあいの要素は単に一回かぎりあらわれる要素ではない。そうでなければ「虚心に考えてみると、私たちの思想が感性的事実を完全に模写できれば、どんな実用的な要求も知的な要求もただちに満たされることがわかる」(47)などということはできないであろう。それで、αβγ……によって記述(模写)するときに、ある種の概念化、抽象化がおこなわれており、模写に使うαβγ……は概念に相当するととるのがいちばん考えやすい。けれどもマッハはそうは考えない。そうすることは彼にとって、感性的なものとしての要素、諸要素間の本来的同種性といった要素論の原則に抵触するものと思われたことであろう。だがこのようなマッハの見解はある困難をはらむものである。

科学的記述を考えるかぎり、概念的把握を避けることはできないように思われる。テコの原理について見ると、そのサオの色等々を捨象し、支点からの距離とオモリの重量のみに注目すること(48)については、これをあえて概念的把握とまでいう必要はないかもしれない。けれどもテコの原理は、私たちに現に感覚されているサオ、オモリについてだけでなく、いまだ感覚されないサオやオモリについても、あるつりあいを主張するのである。こうして見ると、記述についてマッハが、ニュートンを引きあいに出しながら、次のように述べていることは当然ともいえよう。

「ニュートンの記述は、それゆえ、もちろん個別的場合の記述ではない。それは諸要素にひきなおしての記述である。ニュートンは質量要素が時間要素中でどのようにふるまうかを記述することによって、任意の個別的な場合の記述を、一定のパターンにより要素から組み立てる指針を私たちに与える。理論物理学が成し遂げてきたその他の場合についてもやはり同様である。しかし、これは記述の本質をなんら変えるものではない。ことの眼目は諸要素にひきなおしての一般的記述である。」(49)

だとすれば、要素論の立場からする記述はやはり、ある概念化、抽象化を経ているといわざるをえないのではなかろうか。

先に、要素の暫定的性格のゆえに、マッハが要素論のもつ経済的機能にその根拠を求めようとしたことについてふれた。だがその暫定的性格の問題にせよ、また上述の概念にまつわる問題にせよ、その解明をさしあたり要素論の内容の吟味の方向に求めるべきであろう。そのさい、マッハの機械論（力学主義）批判における要素論の役割といった具体的次元での講究が不可欠となる。

ともあれ、マッハには要素論における困難を思惟経済説によって解消しようとする傾向がある。つまり前者を後者の手段とみたてることによってである。だが逆のことも起こる。前にも見たように思惟経済説は、生物学的基底から距離をとらざるをえないが、それによってもたらされる抽象性を要素論によってカバーしようとする傾向がマッハにみられる。つまり要素的記述の成功度をもって思惟経済の程度をはかろうとする傾向である。だがこのようなかたちでの相互依存によっては、両原理の十分な根拠を示したことにならないことは明らかであり、そのようなところから、このような原理を科学的認識の方法とみる見方も出てくる(50)。またこれらの原理を暫定的なものとみなす。先にふれたヘーニヒスヴァルトの「哲学的」批判に対するマッハの次のような答えは、そうした観点からのものである。

「ヘーニヒスヴァルトは、いくつかのかなり一般的な観点の言表からただちに閉じた哲学体系を読みとるのだが、ここにおいて、彼は、自然科学者が慎重に試みる漸近法をまったく見落としている。」(51)

ここには彼の哲学や認識論に対する態度が、いつわりなく示されていると見ることができる。

3　マッハ認識論の射程

以上、要素論と思惟経済説を中心にマッハの認識論的見解を検討してみた。これらの見解は主体の問題や科学の論理の把握に対してある示唆を与えるものである。もちろん問題はこの先にあるといえる。これがフッサールのいうように哲学的理論として不十分であるだけではなく、技術学としても不十分なものであることは右に見てきたとおりである。自然科学者が慎重に試みる漸近法は、あいまいさをそのまま放置する結果になった。いやむしろ、問題のさらなる解明を私たちに残したというべきかもしれない。だが他面、マッハの認識論があいまいであるとはいえ、それはある枠をもっている。そのような枠のうちで議論してもはたしてどのていどのことが明らかになるだろうかという疑問も起こりうる。とはいえ、その枠によってどこまで考え進むことができるか試みることもけっしてむだなことではない。そこで以上の要素論と思惟経済説の検討を踏まえて、最後に、はじめに少しふれた主体の問題について整理することにしたい。

主体（自我）の問題については、要素の連関にしかすぎない主体が他の要素を把握することの不可解さ（ヘーニヒスヴァルト）や、感覚の複合が感覚の複合を感覚することのこっけいさ（レーニン）にかんしてマッハに対して非難がむけられたことは前述のとおりである。だが、主体（自我）について一見して常識に反する見解をなぜマッハはとるのだろうか。彼はこの点について次のようにはっきりと述べている。

「もし私たちが要素（感覚）の連関を知ることで満足せず『だれがこの感覚の連関をもつのか、だれが感覚するのか』を問うならば、私たちは各要素（各感覚）を未分析の複合体に帰属させる因習に屈伏し、しらずしらずのうちに、古くからの根深い、より狭い見地に逆もどりすることになる。」(52)

さらにまた次のようにもいう。

「感覚から主体が構築されるのであり、そのあとで、なるほど、それがまた感覚に反作用をおよぼすのである。」(53)

マッハと、ヘーニヒスヴァルトやレーニンとの対立は明らかである。だが、両者の対立は融和し難いにしても、対立点をここでより明確にしておかなければならない。なぜマッハがヘーニヒスヴァルト流の議論に与しないかといえば、それは先の引用に示されているように、「各要素(各感覚)を未分析の複合体に帰属させる因習に屈伏」するからであり「古くからの根深い、より狭い見地に逆もどりすることになる」からであった。実際、ヘーニヒスヴァルトのばあいを見てみると、彼自身あからさまに述べているように、カントのいう意味での主体(自我)を考えている(54)。そして彼は、「人間の認識の理論の、明言された、あるいは暗黙のうちになされた前提としてあったのは、これまでいつのばあいでも、認識されるべきものに受動的および能動的に対立する主体の想定である」(55)と考え、このような主体(彼のばあい、主観と訳したほうが適切であろうが)をマッハの誤謬にみちた哲学から守るというのが彼の批判の根幹をなしている。他方レーニンのマッハ批判の意図は、物質の一次性と、それの私たちの脳への反映としての認識という唯物論の原則の擁護ということにあった。だが『唯物論と経験批判論』での議論の水準は、フランス唯物論のそれをさほど超えるものではないといえるのではなかろうか。このような問題状況を踏まえて再考するならば、結局マッハは新しい主体概念の構築にむけて一歩を踏み出しているといえる。

翻って考えてみると、マッハの思惟経済説はなんらかの主体を予想するものであり、そしてそのさいの主体を、単なる要素の複合体につきるものではないと考える余地も残されているといえないであろうか。少なくとも、これまでとってきた解釈からすればそういえる。思惟経済説に、間接的なものであっても生物学的基底を認めるかぎりそういえる。また要素論にあいまいさが残るかぎり、したがってまた解釈の幅が存するかぎり、主体が要素の複合体であるということに対して抱く固定観念によってみずからを束縛する必要はない。その点、マッハの平行論は、要素論の立場に基づきながら、単に生理学的、心理学的研究のための規制的原理というのにとどまらず、主体の構造的理解へ一歩踏み込んでいるものとして評価できよう。要素が質的に区別なく同種であることと、それの類別が可能であるということは矛盾するものではない。いや、主体の構造的理解のためにはそのような類別は不可欠であり、そしてその類別によって得られた個々のものの性格、それら相互の関係の吟味等が必要なのである。そしてもちろん要素論というもの全体としての特質の問題がある。マッハの要素論の立場が独我論に陥りはしないかという危惧のあることは先にふれた。だが他方でマッハが「すべてのものの根底にある実在としての自我という考えにとらわれている人は、我の感覚と汝の感覚とのあいだにも、根本的区別を設けざるをえない」[56]といっていることにも注意をむけなければならない。それはつまり、諸主体による間主観的認識も要素論の立場によって正しく捉えられるという主張でもある。それゆえ、思惟経済説との関連においてではあるが、諸主体間の伝達についても述べられていることにはなんの不思議もない[57]。思伝達によって他者に媒介されながらも、$\alpha\beta\gamma$……において模写するところに記述は成り立つのである。

マッハの主体をめぐる議論には示唆的な点があるにしても、全体として追究が足りないといえよう。それには理由があったように思われる。それは科学的認識における主体の能動性の問題である。思惟している主体の能動性は、心理的な次元でいうならば稀薄なものといわざるをえないだろう。実際、科学的認識において核心をなす発明や発見をとってみても、そのさいに主体が思惟するというよりも、観念がひとりでに動いてゆくような印象を受けるにちがいない[58]。言い換えれば、「我思う（Ich denke）」ではなくて、「ひらめく（es blitzt）」というように「思う（es denkt）」というほうが適切であるということでもある[59]。すでに見たように感覚から成る主体が感覚に反作用をおよぼす[60]とはいっているものの、このような作用（反作用）について十分究明することはなかったのである。だが思うに、主体を論ずるにあたっては、心理的次元のみに依拠するのではなく反省的次元をも考慮すべきである(61)。

マッハの思想を認識論としてみるとき、それに緻密な体系を期待するならば、それは過大な要求となる。今日みられるような科学の制度化がいまだ進んでおらず、牧歌的雰囲気の残るなかで、マッハはさまざまな事柄――それにはごく日常的な事柄から砲術にまつわる技術的問題までが含まれる――に関心を示した。そのようななかで要素論や思惟経済説のような認識論的見解も生まれたのである。しかも哲学とか認識論というようなあらたまったかたちでなされたのではない。また彼の認識論的思想が斬新なものを含んでいるとしても、革命的なものを含んでいるというほどのことはない。それはヒューム哲学にすでにその先駆が、しかもより体系的なかたちで見出されるからということのみによるのではない。彼は認識論的転回ということを叫んでいるけれども、それは近代科学を質的に転換させることを意味しない。科学史、認識論史の把握の仕方からいえばむしろ啓蒙史観に近いのであって、ただ科学性の基準に要素論や思惟経済説をとるということである。マッハのニュートン批判にしても、この立場から、いまだニュートンの理論に付着している近代以前の形而上学的残滓を除去するのがその趣旨であるからである。

とはいえ、当代および後代の人が彼の思想をどう受け止めるかということはまた別の問題である。彼のいくぶん混乱した思索のなかには、彼自身にすら気づかれていない新しい思想の萌芽があるかもしれないのである(62)。

マッハの科学史、科学思想史上の位置を明らかにすることは、彼の認識論の性格を知る上にも有意義であろう。またのちの現象学や論理実証主義との関係を追究することも有意義であろう。だがここでは、現代の認識論を考える手がかりとして、彼の認識論上の基本的見解を検討したことでひとまず筆をおくこととしたい。

文　献

マッハの著書については次の版を使用した。

① *Die Mechanik. historisch-kritisch dargestellt*, 9.Aufl., 1933. (*Mechanik*. と略記)

② *Die Analyse der Empfindungen und das Verhältnis des Physischen zum Psychischen*, 9.Aufl., 1922. (*A.d.E.* と略記)

③ *Populär-wissenschaftliche Vorlesungen*, 4.Aufl., 1910. (*P.W.V.* と略記)

④ *Erkenntnis und Irrtum, Skizzen zur Psychologie der Forschung*, 5. Aufl.,1926. (*E.u.I.* と略記)

また雑誌論文では、

"Die Leitgedanken meiner naturwissenschaftlichen Erkenntnislehre und ihre Aufnahme durch die Zeitgenossen", in *Physikalische Zeitschrift*, XI, 1910. (Leitgedanken. と略記)

上記の著書の引用にさいして、邦訳のあるものはその頁数も併せて記した。用いた邦訳書は次のとおりである。

①の邦訳

『マッハ力学』伏見訳、講談社、一九六九年。

②の邦訳

『感覚の分析』須藤・広松訳、法政大学出版局、一九七一年。

③および④の部分訳

『認識の分析』広松・加藤編訳、法政大学出版局、一九七一年。

注

（1）Ph. Frank, *Modern Science and Its Philosophy*, 2nd ed., 1950, pp.72-78.

（2）このことはマッハの諸著述を通覧することから察知できることであり、実際また、フランス啓蒙主義に対する郷愁を示す発言もしている。*Mechanik.*, S.439. 邦訳四一八—四一九頁、参照。

（3）R. Hönigswald, *Zur Kritik der Machschen Philosophie. Eine erkenntnistheoretische Studie*, 1903.

（4）*E.u.I.*, S.VIIn.

（5）*Ibid.*, S.VIIn. また、*A.d.E.*, S.299-300. 邦訳二九九—三〇〇頁、参照。

（6）以上については、*A.d.E.*, Kap.1, 参照。

（7）*A.d.E.*, S.256-257. 邦訳二五六頁。

（8）*Ibid.*, S.47-48. 邦訳五二—五三頁、参照。

（9）*PWV.*, S.239. 邦訳五〇—五一頁。

（10）この種の批判はヘーニヒスヴァルトにかぎらず、かなり一般的である。たとえばレーニンも次のようにマッハを批判する。「しかし、脳は物体である。つまり、脳もまた感覚の複合以上のものではない。感覚の複合の助けをかりて、私（だが私もまた感覚の複合にほかならない）は感覚の複合を感覚する、ということになる。なんというすばらしい哲学だ！」（レーニン『唯物論と経験批判論』〔国民文庫〕寺沢訳、大月書店、四二頁）

（11）R. Hönigswald, *op. cit.*, S.18.

（12）*Mechanik.*, S.461-462. 邦訳四四二頁。

（13）たとえば、*A.d.E.*, S.26. 邦訳二四—二五頁。

（14）*Mechanik.*, S.6. 邦訳五頁。

（15）*E.u.I.*, S.449-463 所収の「自然法則の意義と価値」

（16）*Ibid.*, S.449.

（17）*Ibid.*, S.449.

（18）*Ibid.*, S.451.

（19）Leitgedanken., S.600.

（20）Ibid., S.600.

（21）Ibid., S.600.

（22）*P.W.V.*, S.441-453, 所収の「生命の物理的考察と心理的考察」、参照。

（23）R. Avenarius, *Philosophie als Denken der Welt gemäß dem Prinzip des kleinsten Kraftmaßes. Prolegomena zu einer Kritik der reinen Erfahrung* 3.Aufl., 1917, S.3.

（24）*Ibid.*, S.49-50, etc.

（25）*Ibid.*, S.13.

（26）*Ibid.*, S.13-15. なお似たような事情はマッハにおいても見られる。たとえば、*E.u.I.*, S.176, における、「快適ではない（unangenehm）」、「快適である（angenehm）」という表現を参照。

（27）E. Husserl, *Logische Untersuchungen*, I, 4.Aufl., 1928, Kap.9, 参照。

（28）*Ibid.*, S.193. フッサール『論理学研究・II』立松訳、みすず書房、一九六八年、二一五頁。

（29）*Ibid.*, S.194. 邦訳二一六頁。

（30）*Ibid.*, S.210. 邦訳二三一頁。

（31）レーニン、前掲書、四五頁、五六—五八頁、他。

（32）*A.d.E.*, S.24. 邦訳二三頁、参照。

（33）Leitgedanken., S.604.

（34）*A.d.E.*, S.11-12. 邦訳一三—一四頁。また、S.28-29. 邦訳二七頁、参照。

（35）*Ibid.*, S.30. 邦訳二八頁、参照。

（36）*Ibid.*, S.30. 邦訳二八—二九頁。

（37）*E.u.I.*, S.12-15n.

（38）*A.d.E.*, S.24n. 邦訳三二—三三頁、S.25-26. 邦訳二四頁、参照。

（39）*Ibid.*, S.256. 邦訳二五六頁。
（40）*E.u.I.*, S.5-9, 参照。ただしまた、*A.d.E.*, S.9. 邦訳九頁、も参照。
（41）*A.d.E.*, S.50. 邦訳五四頁。
（42）以下の叙述については、*Ibid.*, S.49-51, 邦訳五三―五五頁、参照。
（43）*Ibid.*, S.49-50. 邦訳五四頁。
（44）*Ibid.*, S.51. 邦訳五五頁。
（45）*Ibid.*, S.263. 邦訳二六二頁。
（46）*Ibid.*, S.264. 邦訳二六三頁。
（47）*Ibid.*, S.257. 邦訳二五七頁。
（48）*Mechanik.*, S.10-11. 邦訳九―一〇頁、参照。
（49）*A.d.E.*, S.275-276. 邦訳二七三―二七四頁。
（50）注（36）の箇所、参照。
（51）*A.d.E.*, S.300. 邦訳三〇〇頁。
（52）*A.d.E.*, S.20. 邦訳二〇頁。
（53）*Ibid.*, S.21. 邦訳二一頁。
（54）R. Hönigswald, *op. cit.*, S.24, etc.
（55）*Ibid.*, S.7.
（56）*A.d.E.*, S.293. 邦訳二九三頁。
（57）*Mechanik.*, S.457-458. 邦訳四三八頁、および *P.W.V.*, S.222-224. 邦訳三四―五五ページ。
（58）*P.W.V.*, S.30, 参照。
（59）*A.d.E.*, S.23. 邦訳二三頁。

（60）注（53）の箇所、参照。

（61）ただし、ヘーニヒスヴァルトのように反省的次元のみに固執し、ひいては批判哲学の復活を企図するならば、マッハの所論の意味を見落とすことになるのはいうまでもない。

（62）ひとつの解釈のありようとして、エルンスト・ブロッホ『異化』片岡・種村・船戸訳、現代思潮社、一九七一年、所収の「鏡なしの自画像」などを参照。

第3章　探究の論理と心理
——エルンスト・マッハ『認識と誤謬』に即して——

探究、とりわけ科学的探究の論理構造にかかわる問題は、現在でもなおその視角は変化しながらも議論の的となっている。カール・ポパーはこの種の問題を論じたが、そこで特徴的なことは科学的探究における論理的側面と心理的側面を区別して前者のみを扱う立場をとっていることである。それは一面的といえないだろうか。もっとも探究を問題にするさい個々の科学者の発見の努力に着目するか、あるいは巨視的に科学の歴史的展開に焦点をあてるかによって相違が生じてくるであろう。また探究の論理といい心理といっても人によりそれにこめる意味も異なってくるであろうから、ただちに直截な結論を引き出すことはできない。それゆえ、ここではこのような問題を考える手がかりともするために、エルンスト・マッハにおいて探究の論理と心理がどのように把握されているかを考察する。主として扱う文献は彼の『認識と誤謬』である。

『認識と誤謬』は一九〇五年に初版が出、一九〇六年に第二版、死後の一九一七年、二〇年、二六年にそれぞれ第三版、第四版、第五版が出ている。しかし『感覚の分析』や『通俗科学講義』とはちがって、マッハ晩年の著作ということもあり、版による異同はほとんどない。これは、それまでに発表した雑誌論文や講義ノートをもとにしたと思われる二十五の小論文、エッセイから成る。この種の評論集には別に『通俗科学講義』があり、内容上重複しているところも少なくないが、『通俗科学講義』では科学の個々のトピックに重点が置かれているのに対し、『認識と誤謬』では「探究の心理学素描」と副題されているように方法論的側面に重点が置かれている。そこで以下では『認識と誤謬』中の探究の論理ならびに心理にかかわる部分を手がかりとする。

マッハの認識論的枠組みはすでに『力学史』や『感覚の分析』等で確立されてきている。その基軸をなしているのは要素論と思惟経済説である(1)。まず要素についてであるが、マッハは認識の根拠を感覚のみに求めるが、この感覚の実質をなすのが要素であった。マッハの認識論は感覚主義の立場をとり、その感覚を要素として捉え直し、それら要素の函数的依属関係を把握することに認識の根本を見るのであるが、しかしこの要素論をもって彼の認識論が完結してしまうのではない。要素一元論で押してゆくことの限界はすぐにあらわれる。概念をめぐる問題を見てゆこう。科学の探究にあっては感覚に基づくとはいいながら、たえず概念を駆使している。両者の関係が明らかにされなければならない。『認識と誤謬』中の一章が概念にあてられている(2)。そこでは「心理学的形象としての概念」の解明が意図される。マッハは直角三角形、鋭角三角形、鈍角三角形を含むような一般的三角形(allgemeines Dreieck)といったものは想像しにくいから、こうした心的形象——概念と呼ばれる——は存在しないとするバークリらのような考え方のあることを指摘する。マッハの要素一元論の立場からは、これはおおいに問題となるところである。マッハは概念を瞬時的形象(Augenblicksgebilde)とはみなさないという角度から考えることによってこの問題を解決しようとする。だがこの瞬時的形象に要素は深くかかわっていると見ざるをえない。よってここに、概念を考えるにあたってマッハは要素論の立場をひとまず措いて、別の角度からアプローチしていることが暗示されている。ではその別の角度とはどのようなものであるのか。それは概念の行動論的把握といえるものである。これは生物的な、より限定すれば動物的な基盤に根ざしている。じじつマッハは兎の例をあげ、兎が諸対象に反応する様式を取り上げてそこに概念の原初的形態を描き出している。この種の見方からするならば人間と人間以外の動物――さしあたりは高等動物を考えるにしても――とのあいだに格段の差はなく、連続的であるといえる。さて、この行動論的、生物学的把握から、当然、言語の問題も考えられるのであるが、さらに自然科学の概念もこの延長上で考えられる。すなわち先の三角形という概念を例にとるなら、その概念の意味根拠をそれの行動論的有効性に求めれば明確となる。

にもかかわらず、こうした概念とのかかわりにあってもマッハは要素論を堅持してゆこうとするのであって、そのことは概念が高次化してゆく過程とは逆方向にむかって、感官直受的反応 (sinnenfällige Reaktion) への概念の解体 (Auflösung) が可能であるという見方を彼がとるところに示されている。そうすると概念のもつふたつの側面がここで視野に入ってこざるをえなくなる。概念はいわば感覚的事実とのある種の切断によってはじめて意義をもってくるのであり、そこにおいてはじめて、たとえば潜在的知識としての性格といったような概念の働きの意味が出てくる。しかしながら他面、概念は対象的事実と切り離されてはならず、そこにある種の検証――マッハはこれを試験 (Prüfung) と呼んでいる――の過程がなければならない。マッハはこの両面を顧慮しているのであるが、このさい概念と事実を併行させるのがマッハの立場であるのではない。概念はそれ独自の役割をもっているが、この概念を事実と等価 (gleichwertig) であるとすべきではないとマッハは考える。概念に対して事実はより豊かなものであり汲みつくせないものであると彼はいう。すなわち概念は独自の働きをもちながらも事実に従属するものであるとする立場をマッハはとっているのである。事実から、別言すれば個別的なものから出発するのがマッハの立場であり、それとは反対の方向をとる、たとえばスタロの立場を認識論的倒錯 (erkenntnistheoretische Verkehrtheit) として批判するのである。

ところで要素の位置であるが、それを事実の側に重ねあわせて考えることは必ずしもできない。なるほど『感覚の分析』において要素を登場させるとき、感覚を要素と言い換える、感覚といっても要素といっても同じであるとされる。マッハのいう事実ということばは、感覚されたものというのとほぼ同義で使われているものの、そうだからといって要素もまた事実と同義であるというわけにはゆかないのである。要素はなるほど事実を基点としているけれども、概念的な含みをもつものであることは明らかである。結局次のようにいえる。マッハの要素論は彼の感覚一元論から一応出立しているのであるが、要素はもともと概念的働きを課せられているといえるのであり、それというのも科学はそうしたかたちで感覚を活かしているからである。かくしてマッハは要素を概念と事実をつなぐもの、あるいは両者のあいだを往還する両面的なものとして登場させたと結果的には見ることができるのであって、そこにさまざまな問題点をもちながらもマッハが要素論を堅持しえた秘密があったと私たちは解釈することができるのである。

要素のこうした性格はマッハによって明示されていない。だがいずれにしても結局は認識形成する能動的側面を要素がもちえなかったがゆえにそれを他に求めざるをえない。そこに先にふれた生物学的、行動論的視点が登場する必然性がある。以上を踏まえた上で次のように整理することができよう。マッハ認識論の根底にある現象主義の立場が要素論というかたちで再把握されたということ、そしてそのさい要素$\alpha\beta\gamma$……の連関によってその他の要素連関を置き換えることにおいて認識の論理が確定されたということがある。さて、他方でこの認識を動態化するものとして生物学的、行動論的視点があり、それがより論理化、抽象化されて思惟経済説に結実する。

思惟経済とは砕いた言い方をすれば、より少ない思惟作用によってより多くの事実を理解することにあるといえよう。抽象概念の使用、数式の利用、法則的把握等は思惟の節約のためのものである。このような思惟経済が人間の具体的行動の経済をもたらすことは、たとえば数の成立を考えてみれば明らかである。マッハは科学を思惟の経済として捉えるが、この科学の形成は人間の生物学的欲求に大きく依存していたと見てよい。もっともマッハは両者を直接的に結びつけることを避けている。思惟経済に基づくところの科学は、生物学的欲求とは無縁ではないにしてもそれから相対的に独立しているということがあるからである。はじめは肉体的欲求を満たす位置にあった最小限の精神的負担による認識は、それ自身自立してきて前者は直接的には顧みられなくなるということがある。とすると思惟経済の尺度はかなり抽象的なものになってくるが、にもかかわらず要素論との関係でいえば、要素連関の選択作用をする原理として、あるいは探究の方向づけをする原理としての位置を占めることができる。

この要素論と思惟経済説がマッハの認識論のふたつの原理、基礎となっているのである。さて、マッハは『認識と誤謬』の序文への注において次のようにいう。

「とりわけ、いかなるマッハ哲学も存在しないのであって、たかだか自然科学的方法論と認識心理学があるだけであり、両者はすべての自然科学的理論と同じく暫定的な、不完全な試みなのである。」(3)

ここでいわれている自然科学的方法論の核をなしているのが要素論と思惟経済説であると見ることができる。そして認識の心理学が扱うのは、個々の探究者の理論化作業にまつわる問題であるということができるが、『認識と誤謬』は主としてこれに関心がむけられている。マッハにおいて探究の論理と心理との区別を立てるとすれば、前者がその論理であり後者がその心理である。

しからば探究の心理のほうを見ておかなくてはならない。『認識と誤謬』が探究の心理学の素描(Skizzen)にとどまることは半ば本質的であるといいうる。ヒューウェルのミル批判に同意してマッハもいっているように、思惟過程を図式化しても役に立たない(4)。探究の心理学は個々の探究内容に即さなければならず、臨機応変でなければならない。かくしてマッハのバラエティに富んだスケッチが展開されるのである。これについては個々に見てゆくほかなく、したがってここではただ、それらスケッチのなかから比較的反復され、浮かび上がってくる論点をひとつだけ取り上げておきたい。

この観点から見るならば、類比（Analogie）に大きな位置が与えられているのがわかる（5）。マッハは帰納法の問題にもかなりふれているが、それに深入りすることは避け、むしろ類比などのほうにより活き活きとした認識心理学的興味を見出している。マッハは類比を、部分的同一性である類似の特殊ケースとして捉える。すなわち類比にあっては二領域内における関係に同型性がみられればよい。マッハは歴史上の例のひとつとしてユークリッドにおける数計算と幾何学との関連づけ（一乗……　線、二乗……　平面、三乗……　立体）をあげているが、これを類比というなら、ふつういわれる類似とは別個に考えるのが適当である。この類比による推論がなされうるわけであるが、マッハは「類似と類比による推論は厳密に考えるなら論理学の、少なくとも形式論理学の対象ではなく、ただ心理学の対象であるだけである」（6）といっている。したがって探究の論理と心理との区別でいえば後者に属することになる。類比による推論の例としてマッハがあげているのは、一般的なところでは、水波からの音の波、光の波への類推、またガリレイによる木星の衛星の発見がコペルニクスの体系に対して類比による支持を与えたことなどである。さらにその後の熱理論や電磁気理論の発展における流体との類比などがあげられなければならないであろう（7）。

さて、類比に代表される心理学的側面は、探究全体のなかでどのような位置を占めるのであろうか。これについては彼の仮説論を見てゆくことによって明らかになる（8）。マッハはまず探究にあたっての、思考による補足作用に注目する。すなわち事実に思考による補足を加えることによって経験の拡大が得られる。こうして形成される認識は仮説にとどまるが、しかし仮説のままに放置されるわけではなく、その検証が志向されることはもちろんであろう。そしてこの補足による仮説的認識がその補足性、仮説性を狭めてゆく過程がすなわち記述への移行である。彼はそれゆえ次のようにいう。

「生成しつつある科学は推測と比喩のなかで動いている――このことは否定しえない。だがそれは完成に近づけば近づくほど、ますます事実的なものの単なる直接的記述へと移行する。」(9)

とすると、一般的な言い方をすれば、探究の心理はいわば探究の媒介物であって、科学が完成してゆけばゆくほどその範囲が狭められてくる。これに対して、比喩や仮説性は科学にとって本質的ではないかとする異論の出てくる余地もあるが、しかしここにマッハの記述の理念が存在するとともに、彼のメタ科学的思想があるといえるのである。

以上、マッハにおける探究の論理と心理をたどり、記述に至る彼の科学論を再構成してみた。特に記述に集約される彼の見方は現代の科学哲学の立場とのかかわりで検討の余地が十分あると思うのであるが、マッハ目身によっては予感的に語られているにすぎず、にわかに結論をくだすことはできない。これを今後の課題としてひとまず本章を閉じる。

注

（1）これについてくわしくは、本書第2章「エルンスト・マッハの認識論」、参照。

（2）*Erkenntnis und Irrtum, Skizzen zur Psychologie der Forschung*, 5. Aufl., 1926, S.126-143, "Der Begriff".

（3）*Ibid.*, S.VIIn.

（4）*Ibid.*, S.285.

（5）Cf. *ibid.*, S.220-231, "Ähnlichkeit und Analogie als Leitmotive der Forschung", etc.

（６） *Ibid.*, S.225.

（７） これらの例、とりわけ「類比の活用を意識的にひじょうに明瞭な物理的方法へと発展させた」(*Ibid.*, S.229) とされるマクスウェルの思想と業績を検討することが有意義であろうが、ここでは立ち入ることができない。

（８） *Ibid.*, S.232-250, "Die Hypothese".

（９） *Ibid.*, S.248.

第二部　エルンスト・マッハの「哲学」

第4章　マッハ哲学の一源泉

1　序

エルンスト・ブロッホは「鏡なしの自画像」[1]という一文で、エルンスト・マッハの自我論にふれている。そこで取り上げられているのは、自我は要素の複合であるにすぎないという周知のテーゼではなく、マッハの『感覚の分析』第一章「反形而上学的序説」に出てくるふたつの話題である。すなわち鏡に映った自分を他人と誤認するというエピソードと、鏡を用いないで自分を描いている「ひとつのショッキングな絵」——挿絵として同書中に掲載されている——である。

マッハの『感覚の分析』は哲学的、認識論的考察と感官生理学的考察との混合物であるといってよい。そのなかで第一章は前者に属し、彼の感覚主義、要素論の立場を闡明している。そこでの彼の立場には、あるいは徹底しない印象も残るかもしれない。この章の終りでは「普通の人の哲学的立場——彼らのとる素朴実在論をこうよべば——」[2]が擁護され、「いかなる立場も絶対的、永続的に妥当するものではなく、ある一定の目的のために重要だというにすぎない」[3]とつけ加えられているが、第六版(一九一一年)で加えられた補遺においてはもう一度みずからの要素論的立場の必然性が述べられている(4)。

マッハの認識論について、それがヒュームの認識論と同型であるといわれたり、さらにはヒュームに比べて不徹底だともいわれる。だがマッハの哲学的根底は、はたしてイギリス経験論哲学のそれと同じであろうか。そもそもマッハの認識論的思惟を支えているのはどのようなものであろうか。

ブロッホの取り上げている、彼のいうところの「鏡なしの自画像」を見るとき、多くの人々はそれが通常のイメージと相違しているために最初は唖然とするが、次には経験的像を端的に提示しているものとしてその正当性を認めることになるかもしれない。カール・ピアソンはこの絵に着目し、その著『科学の文法』にも採用している。ただピアソンは、それを単に視覚に限定された感覚像一般として平板に理解するにとどまる。「この絵はこの教授の感官印象のうちでこの瞬間に彼の『外側の世界』を形成している部分を表現している。その他のものが『内側の』ものであったのであり、保存されている感官印象の産物としてのみ彼にとって存在していたのである」(5)とピアソンはいう。つまりこの絵はのちに「私(自我)」として把握される内なる世界と対立する外なる世界の像としてピアソンは理解しているわけである。これに対しブロッホは、この絵は視覚において経験的に捉えられる「私」の姿であることに力点があると理解し、そしてそれを彼自身の哲学的見解を述べる手がかりとする。マッハがこの絵を説明して「眉毛半弓、鼻、および口髭からなる枠の内に、見えるかぎりでの私の身体の一部と、その周囲が現われる」(6)という言い方をしていることからも明らかなように、この絵の重点は「私の身体」にある。したがって、ピアソン的理解に対して、ブロッホの理解の方向はより正当な根拠をもっている。ブロッホは、マッハの自我描出はディレッタント的な印象を与えるものではあるが、「描くもの自身のこの首なし像は、自画像の歴史における新機軸である」(7)という。

「それは、私たちにとっては、あたりまえすぎる所与の事実である。そしてマッハは格別深い思想家ではないものだから、それを『反形而上学』の立場にたって、まぎれもない表面として描いてみせたのである。」(8)

ブロッホはこのように鏡に映る姿を媒介せずに自己を見る視点を擁護した上で、描かれていない首（頭）のところに希望を託してこの一文を閉じる。ブロッホ流の結論はここでは措くとしても、この絵に「マッハ哲学」の一面を洞察したブロッホの炯眼は疑いを容れない。

マッハは深い思想家ではない。しかし描き出されたこの絵の「表面はひとつの深淵である」(9)とすれば、同じく表面的な様相を呈しているマッハの哲学自体も、それを掘り下げてみるとその根底に、隠された知的伝統が脈うっているということがありはしないだろうか。

フォイヤーは、すでに、マッハ哲学の根底に隠されているものを探る貴重な試みをしている。『アインシュタインと科学革命』(10)の第一章は「アインシュタインの相対性理論の社会的起源」と題され、その第三節「エルンスト・マッハ：相対主義的見地の起源」においてマッハの思想的根底が考察されている。この章でのフォイヤーの考察は精神史的、社会心理学的といってよいであろうが、そのなかに精神分析的手法がちりばめられている。とりわけマッハを主題にした第三節はこの精神分析的手法が核となっている。

「一九〇五年のジェネレーション」(11)にとってはマッハやマルクスといった精神的先駆者が厳然として存在していた。ところがマッハ自身はといえば、その著作を見ても、そうした確固とした拠り所が認められない。フォイヤーがここで情神分析的手法に大きく依拠することになったのは、彼自身の好みによるだけではなく、そうした理由にもよっているといえる。さらに次のような事情もあった。

「われわれの研究にとっては幸いなことに、マッハ――発生論的経験主義の創始としてふさわしくも――は自分自身の無意識、夢、子供時代の観念連合についての研究に非常に関心を持っていた。その結果、マッハの場合には、通例の社会学的背景への研究の上に、彼の思想の心理学的起源についての研究を付け加えることができる。マッハはこのような分析が可能な最初の人物であろう。」(12)

フォイヤーはマッハの諸著作に散見するエピソードを手がかりに、マッハの基本的主張の源泉を追究する。かくして因果概念の批判と函数概念によるそれの置き換えという彼の基本的主張は、前者にみられる男性優位の原理に対する反抗にその源泉があり、後者のもつ平等主義的イメージがそれに取って代わる。また、相対主義的な時間、空間論にもそうした背景がある。有名な彼の反原子論の立場は、原子という固体のはらむ男性原理への嫌悪にその背景があったと説明される(13)。たしかにマッハの主張には、単に実証主義とか経験主義ということでは説明しきれない背景があったと思われる。そしてフォイヤーの説明はそれを明らかにするものであることは否定できない。

とはいえ、かりに「マッハの場合には、彼の科学的方法への異常な強調や彼のなした科学的方法への貢献はどれも、何らかの少年時代の体験に基づいており、彼が語っているように、その体験が彼の後の科学的思惟に刻印を捺したのであった」(14)としても、それらをすべて父権支配への抗議、父親＝恐怖からの解放、あるいは母性的源泉への帰還から生じる静穏といった精神分析的観念に集約させることができるであろうか。フォイヤーはこのように解釈してしまうことによって、マッハの思想の歴史的淵源を問う道を鎖すことになってはいないだろうか。興味深い点が多いにもかかわらず、精神分析的手法をこのように突きつめてしまうと、それは個人史か、せいぜいそうした個人の集積としての世代史にはなりえても、より広範な哲学史、思想史には至りえない。マッハにかんしてそれを問題にすることが困難であり、多くの予断を余儀なくされるとしても、そうした哲学史的、思想史的連関においてマッハの思想の根底を探ることは意味のあることではないであろうか。以下はそのような試みのひとつである。

2　神秘主義の伝統とマッハ

ここではマッハの哲学を、西欧の神秘主義の伝統のなかに位置づけてみようとするものである。マッハの著述のなかには、神秘主義へのかかわりを明言している箇所はほとんどみられない。にもかかわらずそれを予想しうることの外的根拠をここで簡単に示しておきたい。

マッハの同時代人たちに神秘主義はどのように受け止められていたであろうか。マッハと交流のあったジェームズの『宗教的経験の諸相』を見ると、第十六、十七講は神秘主義にあてられている。ジェームズ自身はこれに対してある距離を保っているものの、神秘主義は彼にとって大きな問題であったことは明らかである。『道徳と宗教の二源泉』において、神秘主義の具体的姿は必ずしもその叙述から浮かび上がってこないが、ベルグソンは神秘主義に加担している。またラッセルは「神秘主義と論理」なる一文を残しているが、神秘主義に対して批判的ではあるにしても、彼にとっても神秘主義が問題であったことをそれは示している。

マッハのばあいはどうか。マッハは右の人たちのように神秘主義をテーマとしたことはほとんどない。しかし、このような時代思潮のなかにあって、神秘主義の伝統が彼の思想にまったく無縁であったということはできない。むしろそれは彼の精神のなかに隠され、潜在していたのではないか。それが隠されざるをえなかったのは、マッハ自身、一般的には啓蒙主義の伝統、また進化論思想に共感しており、当時、ともすれば神秘主義が心霊術的なものにそれていき、そうしたものとして耳目をひくことが多かつた時代にあって、神秘主義に直接身をゆだねる状況にはなかったからである。ジェームズも次のようにいわざるをえなかった。

「『神秘主義』および『神秘的』ということばがよく用いられるのは、あいまい模糊としていて情緒的であり、事実にも論理にも根拠をもたないと我々がみなすような意見にいちように投げつけられる、たんなる非難の語としてである。」(15)

マッハが『力学史』第四章第二節を「力学における神学的、アニミズム的、神秘主義的観点」(傍点は引用者)と題したのは、このような神秘主義の語義に従ったまでである。マッハが通俗的な当時の神秘主義に否定的であったのは確かである。しかし、西欧の神秘主義の伝統はもっと知的な側面をもっているのであって、マッハはそうした伝統に棹さしていたと想定されるのである。ただマッハはそれを顕在化させる境地にはなかったのである。

マッハの神秘主義への関与を示す直接的文章は欠如しているが、彼の宗教(キリスト教)観を示す文章はわずかながらみられる。それは側面からマッハと神秘主義の関係に、ある見とおしを与えるものとなりうる。たいていは断片的なものにとどまるなかで、彼が親友ポパー＝リュンコイスに宛てた手紙(一八七八年)は比較的まとまってそれを伝えている。その基調は啓蒙主義的宗教観といえるものにある。したがって宗教的儀礼などには嫌悪を示すが、かといってことさら反宗教を掲げるような境地にはない。マッハは次のようにいう。

「宗教はより大きなある全体への共属の感情から、そうした感情から生じてくる多少とも明晰なまた不明晰な、多少ともたわいない観念から成り立っているように私には思われ、ちょうどある種の夢幻的想像がある種の共通感情から成り立っているようにです。」[16]

制度としての宗教には否定的であり、宗教と迷信を連続的に考え宗教的表象が科学的洞察によって置き換えられていくのを自然の成り行きと理解しているが、このように宗教の感情的要因を重視する立場からは、ダーフィト・シュトラウスの試みたような宗教の歴史的批判はさして核心的とはみなされない。宗教感情を尊重する点ではジェームズに近いといえよう。ただ内容的に見ると、ジェームズの批判する宗教の遺物説[17]、すなわち宗教を古い迷信的時代の遺物と見る説に近いといえる。とはいえ「啓蒙はその必要のない人に無理強いされてはならない」[18]と考えており、「たとえすべてが誤りであろうとも、広く流布している誤りには、相応の興味深い根拠があるにちがいない」[19]としている。以上のような宗教観は、神秘主義への彼の親近性に対する反証となるもののようにみえるかもしれない。しかし、あとで検討されるように、私たちの念頭にある神秘主義は啓蒙主義とも併存しうるものであって、右のマッハの宗教観は、彼の神秘主義へのかかわりを立証するものでこそないが、反証するものではありえない。

フォイヤーは先の著書で次のように述べた。

「われわれはマッハの生涯において、同時代人のありふれた道行きからそれようという奇妙な感情に動かされている真の開拓者を看取する。彼は知識の最前線《フロンティアーズ》で最もくつろぎを感じた人物であったが、その最前線にあっては各々の新しい考えからの道筋が未だ明瞭になっておらず、自分が洞察によって導かれているのか、それとも幻想にたぶらかされているのかを決して知ることができないのである。」[20]

こうした事情のもとで、マッハが神秘主義者たちの著作に特に親しむことがないままに、神秘主義の伝統にそった思考を進めたとしても不思議ではない。神秘主義の伝統は西欧の精神史における底流として脈うっている。彼の周囲にこの伝統、特にドイツ神秘主義の伝統に根ざした人々がいたであろうし、彼はその雰囲気を胸中に吸いこんだであろう。彼の育った家庭は開明的であったとはいえ反宗教的というわけではなく、青年期はウィーンやグラーツ、三〇代以降は長くプラハにあって、種々の人々と交流したはずである。そして彼の柔軟な精神はそこから多くのものを吸収したであろう。

ドイツの哲学、思想界においては、表だったかたちではないにせよ神秘主義の復興に寄与した人として、ショーペンハウアーをあげることができるであろう。彼のインド思想への傾倒も、ドイツ神秘主義の伝統に培われた基盤の上に立つものではないであろうか。のちにプファイファー編『十四世紀ドイツ神秘主義者』第二巻が出るにおよんでは、エックハルトへの共感を吐露している(21)。ショーペンハウアーの弟子というべき博学のニーチェはドイツ神秘主義について知らないわけはないが、それに言及すること少なく、しかも必ずしも好意的ではない。にもかかわらず、ニーチェのツァラトゥストラとエックハルトを根底において関連づけることが可能であったのである(22)。こうしたドイツ神秘主義の伝統の根深さを思えば、マッハにその影響を探ろうとするのはけっして奇異な発想ではない。

3　マッハ科学論における神秘主義的思惟様式

ラッセルは「神秘主義と論理」(23)において次のように論じている。形而上学（あるいは思惟により全体としての世界を構想する試み）はふたつの異なった人間衝動によっている。すなわち、一方に神秘主義への衝動があり他方に科学への衝動がある。だが、ヘラクレイトスやプラトンといった偉大な人たちはこの両面をあわせもっているとラッセルはいう。このように彼は神秘主義も評価するのであるが、結局は、迂遠なようにみえても科学を経由する方向、科学哲学の擁護の方に重点があると見てよい。このようなラッセルの図式に対して、科学と形而上学が併存しながらそれぞれ既成化し、固定化していくとき、神秘主義がそれらを突き崩すような潜在能力をもちえるのではないかと予想し、そうしたところに神秘主義への視点を置くことができはしないであろうか。

神秘主義とは何かという問題が当然出てくるであろう。ヴェンツラッフ＝エッゲベルトはドイツ神秘主義を扱うに先だって、単なる哲学的な宗教、世界観といったものとは異なったものである神秘主義の本質規定の困難さに言及している(24)。とはいえ、神秘主義の一般的性格を列挙することはできよう。ラッセルは、また ジェームズも、それを四項にわたって性格づけている。ラッセルは、㈠推論的、分析的知識と対立する洞察、すなわち突然の、透徹した威圧的な知恵への信頼、㈡合一への信仰、対抗または分割の拒絶、㈢時間の実在性の否定、㈣悪が、そしてときには善も幻影であるとみる見方、をあげている(25)。ジェームズは、㈠言いあらわしようがないこと、㈡知的性質、㈢一時性、㈣受動性、をあげている(26)。両者を比較すると、ラッセルはその論理的性格に、ジェームズは心理的状態に重点を置いているといえる。

(a)　要素論と思惟経済説

ラッセルは合一への信仰、対抗または分割の拒絶を神秘主義の特徴のひとつにあげている。ヴェンツラッフ＝エッゲベルトも神秘主義規定の困難に思いを致しながらも、ドイツ神秘主義の核心をウニオ・ミュスティカ(神秘的合一)に見ているが、たしかにエックハルトなどはこれをくり返し説いている。エックハルトにおいてはそれは神人合一というべきものであって還っていくところは神であるが、プロティノスにおいてそれは「一者」ということばで表現された(27)。その一者は存在を超えており、存在はそれによって産み出されたものである。そして魂がその一者を見るのはそれに合体すること、一緒になることによってである。その一者について語ること、記すことは二次的にのみ可能であって、それはちょうど道を指し示すような仕方によってなされるだけである。合体の境地は没我（エクスタシス）、一体化、自己放棄等とも表現される。そうしたなかで自我や意志には否定的評価がくだされることになる。

こうした境地に照応するものがマッハの哲学にありはしないか。マッハは感覚を基点としており、自我や客体はそこから派生するものとされる。ここにふつういわれる意味での神秘的なものはなにもない。しかしその構造には神秘主義の構造に類比されるものがある。まず「一者」との対比に思い至る。もちろんここでは感覚の「分析」が問題であって、ベクトルが逆むきであるともみられよう。しかし、一方で一者は流出の出発点であるわけであり、また他方でマッハにとって感覚は出発点であると同時につねに立ち還るべき基点となっているので、いずれにしてもそこに構造的類比を認めることはできる。

マッハは感覚を要素連関として捉えた。そして要素の連関の仕方により自我、その身体、外界といった類別がなされることになる。したがって派生的なものとはいえ自我は認知されているが、思考にかんして「私が考える（ich denke）」というよりも「考えられる（es denkt）」というほうが適切であるとされるなど、「自我（私）」は軽視されている。次のようにいわれる。

「第一次的なもの［根源的なもの］は、自我ではなく、諸要素（感覚）である。……諸要素が自我をかたちづくる。私［自我］が緑を感覚する、ということは要素緑が他の諸要素（感覚、記憶）のある複合体のうちに現われるということの謂いである。私が緑を感覚するのをやめたり、私が死んだりすると、諸要素はもはや従来通りの結合関係においては現われない。それだけの話である。」(28)

マッハはこのように断言する。そしてこの辺の問題について思弁をこらすのを彼は潔しとしないようにもみえるが、こうした見方が自我ないし個体への執念の脱却という倫理的意味をもちうるという期待は述べている(29)。つまり自我は常住不変なものではなくなることになるが、それを直視することにより、自我に必要以上の価値を置くことがなくなる。他人の自我を貶めたり自分の自我を過大評価することもなくなる。すなわち、それにより「より自由で光明にみちた人生観」が得られるとマッハはいう。

認識のばあいにそうであるが、意志の働きについても一般に、意志する主体を前提するのがふつうである。そうした意志は、神秘主義の伝統において否定的にみられるのが一般的である。マッハのばあいはどうであろうか。彼は意志について、『感覚の分析』において短い一章をあてて論じている。しかしそこで、彼は「意志という用語で特別な心理的[霊魂的]ないし形而上学的な動因を理解しているのではなく、また独特の心理的原因性を想定しているわけでもな」くて、むしろ「意志現象はもっぱら有機的・物理的諸力からのみ把握されなければならない」(30)と考えている。すなわち生物体一般の働きとして見ているのであって、人間的能動性を見ているわけではない。後者にはむしろ否定的な態度をとっているといってよい。この辺の論理的構図は彼の感官生理学の方法にかかわっているところであり、それに促されている面もあるであろう(31)。しかし彼自身この分野の開拓者のひとりとして考察を進めるにあたって、神秘主義的思惟様式がそこで共鳴しあっていたと見ることができはしないであろうか(32)。

さて、マッハの感覚主義の直接的表現といえる要素論と並んで、マッハ哲学のもう一方の柱というべき思惟経済説についてはどうであろうか。これは、科学をどう見るかについて、科学の原理として提出されたものである。思惟の経済、あるいは思惟の節約が科学の原理であるとされる。これをマッハが唱えるにあたっては、進化論的観点がこれにかかわっていたといえる。そのかぎりで思惟経済説は神秘主義の伝統に結びつかないようにみえる。だがここでもこの伝統との関連を想定しうるように思われる。たしかに思惟の経済は進化論、あるいはマッハのいうところの生物学的立場に関連づけられるが、マッハは全面的にそれに依拠させているわけではない。論理的にいってそれは無理である。科学の論理を思惟経済として捉えたばあい、それはあくまで「思惟」の経済であり、たしかに思惟の節約はたいてい労働の節約などの生物学的利益につながるとはいえ、そのつながりは直接的なものではない。それでは思惟経済は生物学的観点を超えて何を意味しうるであろうか。注目されるのはこの原理に潜む思惟の解消（止揚）の契機と、より広大な経験領域との一体化の契機である。すなわちこの原理には、一方で思惟を節約し縮小しようとする思惟否定の傾向があり、他方ではしかしより広大な領域に近づくという方向づけがある。思惟経済はこの両契機に結びついているといえるが、それぞれの契機は神秘主義的伝統に内在している傾向である(33)。

(b)　記　述

右に示した論点を補強し敷衍するために、「記述」という角度から見ていこう。マッハにおいて、科学は以上のような要素論や思惟経済説に基礎づけられるが、その科学は記述というかたちをとって遂行される。ところで記述（Beschreibung）は説明（Erklärung）に対立するものとして提起された。すなわち従来、科学の役割は自然現象の説明であるといわれたのに対し、それの記述であると主張される。こうした見方は十九世紀後半に顕在化してきた科学の理念であって、キルヒホッフのことばなどがその先駆として引かれる。キルヒホッフは特に力学の役割にかんしてこれを説いている。『数理物理学講義』の第一講「力学の課題」の冒頭で彼は次のようにいっている。

「力学は運動の科学である。その課題とするところは、自然のなかで生じている運動を完全にそして最も単純な仕方で記述することである。」(34)

こうした主張はひとつの科学史上のテーマとして追究されるべきものであるが、同時に哲学史的、思想史的含意をそこに読み取ることを排除するものではない。

それにしても科学は自然現象の説明であるということにそれほどの問題があるのだろうか。キルヒホッフはたしかに記述を説いているが、それは観察したままを書き連ねるといったことを意味しない。記述するのだが、完全に、最も単純な仕方で記述することであると彼はいっているのである。科学は自然現象の説明を課題とするということに、なんの問題もないようにも思える。マッハは「記述と説明」(35)という論稿で、説明の意義をかなり好意的に追っている。にもかかわらずそれは既知の事実に還元しようとするものであり、そうしたかたちにおいて事実を固定化することが問題とされる。科学は生成していくものであるのに、説明は静止的に理解する方向に加担している。マッハは説明に断定的性格を見るのであろう。それでは記述のほうはどうか。これは諸事実と諸事実の連関の確定であるといわれる。だが確定(Konstatierung)というのもある種の静止的理解、断定に通じるものではないか。マッハは単なる事実の列挙ではなく、要素による記述というものを考えているので、この懸念は十分にある。

したがって説明批判は是認されても、記述の実際面で問題を残しているといわざるをえない。にもかかわらずマッハが記述を強く押し出していることには、相応の背景があることが予想される。それは何か。そこでいえることは、説明から記述へという方向で意図されているのは、科学から余計なものを排除するという彼の反形而上学の立場の遂行であることである(36)。そのさい、とりわけ問題となるのは、説明が因果概念に依拠していることである。説明は現象の生起の理由を問い、その基底にある因果のつながりを明るみに出すことをめざしている。このような因果論的説明の排除はヒューム以来の経験論の立場であり、アニミズムやフェティシズムを退ける啓蒙主義的科学観のものであるということができる。しかし因果論的説明の排除は、同時に神秘主義の伝統にも深く内在していることを見落としてはならない。エックハルトは、なぜという理由を問うことを退ける。説教のなかで「なぜにということなく(ane warumbe=ohne warum)」ということばがくり返されるのはそのような意味においてである。そしてシェフラー(アンゲルス・ジレージウス)はこれを次のような詩句で表現した。

「バラはなぜにということなく存在する。それは咲いているがゆえに咲いている。それはみずからに留意することなく、人が見ているかを問うことがない。」(37)

マッハのいう記述も、まさにこのような姿を直接捉えることに心情的背景があったと推定される。

(c)　記述の達成

次にこの記述の達成という問題に話を進めよう。ここにもマッハのひとつの特徴的な傾向があらわれているように思われるからである。マッハによって記述とは要素による記述とか経済的記述とかいわれるが、それは単なる事実の列挙ではなく概念的記述というべきものである。そうした記述は一挙になされるものではない。記述はどのような方向で達成されていくのか、いちど達成された記述もいずれは書き換えられていくものなのかといった、記述の道程がマッハにおいて不明確なままに残されている。しかし多少の示唆は与えているので、それにそって見ていきたい。「ある観察をすると、思惟はその事実の部分や結果や条件を補足することにより、本能的に、おのずとその観察を敷衍する」(38)とマッハはいう。仮説はこの補足の働きによっている。

「実際にはまだ検証されていないが、事実をより容易に理解するために暫定的に試みにたてられる仮定を我々は『仮説』と名づける。」(39)

そしてこうした理解を促す役割を担うのが一般に説明というものである。それゆえ仮説は、説明のための仮説という意義をもっているのである。この点から見るならば、記述とは説明から仮説的要因を取り去ったものということができよう。マッハが、記述は説明に優越すると見るゆえんである。もちろんそうした要因は必要に迫られて取り入れられたものであり、ただ単純に捨て去るというわけにいかないのはもちろんである。それはじょじょに整理されていくはずのものである。したがってマッハはいっている。

「生成しつつある科学は推測と比喩のなかで動いている――このことは否定しえない。だがそれは完成に近づけば近づくほど、ますます事実的なもののたんなる直接的記述へと移行する。」(40)

ところで、科学は無限の進歩なのであろうか。ポパーにとってはそうである。進歩の停止は科学の終焉であり、ひいては合理性の終焉であり、危険なものである。ポパーは科学者を鼓舞している真理到達の欲求と折りあいをつけるべく、規制原理としての真理とか真理近似性（verisimilitude）の概念を提起しているが、進歩の停止、科学の完成が負の評価を受けることは動かない(41)。マッハにとっても科学は暫定的理論を改善しつつ進むものであり、特にこのことは哲学者によくみられる断定的主張に対して擁護されたのであった。自然科学者はいわば漸近法を用いているわけであるが(42)、科学がその認識活動においてこの方法をとり事実に接近していくことは、ポパーも認めるところである。だがポパーのばあい近づくことはあえて認めたものの、最終的に一致することは許容されない。マッハのばあいはどうであろうか。当面、事実との一致などはありえないことであるから、この問題を不問に付しておくことができるし、マッハも論理的に整理されたかたちでこれについて述べてはいない。にもかかわらずマッハはこの一致の地点を、すなわち記述の完成ないしは完成された科学を思い描いていることは明らかである。科学の無限の進歩という観念よりも、その完成の観念が優越しているのである。そこでは仮説的なもの、あるいは形而上学的なものが完全に排除されて純粋に概念的な記述が実現している。思惟もそこでは止揚されている。だがそれは個別科学の領域で完成されるのであろうか、それとも統一科学としてであろうか。完成ののち、さらに科学はどのようなかたちで存在しうるのであろうか。論理的につめられることなく科学の完成が思い描かれていることには、マッハの静止的、一体的完成状態への願望が反映しているように思われる。それは、次のような神秘主義的境地とまったく無縁ではないであろう。

「この秘蹟を聴かれよ！　外に立つとともに内に立ち、把握するとともに把握せられ、観るとともに観られるものであり、包容するとともに包容せられるものであることは、何と不可思議であることか！　これこそ精神が、その憧れの永遠の中に吸収せられて平安のうちに休らう窮極である。」(43)

マッハはしかし、願望をそれとわかるようなかたちで述べることは少ない。一方でそうした願望は抑制され、他方で願望がひとり歩きしているのではなく相応の論理的根拠をもっている。マッハの記述の完成、科学の完成の理念についても、明示されていないがその根拠を推測することはできる。この理念はとりわけ完成後の科学の存否というかたちで問題になる。マッハには、完成によって科学は終焉するといった考えはみられない。それではどのような形態で科学は存続するのであろうか。ここで私はクーンの「通常科学」の概念を援用したい。マッハにおいて科学の完成後なお存続する科学という一見矛盾した営為を論理的に捉え直すさいにひとつの手がかりになるのは、パズル解きに比せられる通常科学の概念である(44)。要素による概念的記述が実現され、それにより思惟の経済も達成されたとき、そうした記述が既知の領域からさらに広い領域に適用される可能性が存するであろう。その領域はしかし、未知の領域というよりは原理的既知の領域というべきものである。いわば原理的既知の領域を実際的既知の領域にしていく過程がありうる。クーンのことばでいえば、それがあるパラダイムに基づいた通常科学である。論理的にはなおつめられるべき点があるにしても、このようなかたちで科学の完成後になお存続する科学というものを思い描いてみることができる。

マッハは、先のフォイヤーの見方もそうであるが、アインシュタインに代表される現代の科学革命の先駆者に擬せられる。しかしマッハ自身の科学観は『力学史』の叙述から察せられるように、断絶よりもむしろ連続的発展をたどる傾向にある。ニュートン力学を批判してもそれを革命的に変革するというのではなく、それを純化していくほうに力点があったと見ることができる。すなわち、マッハにとっては科学についての単一のパラダイムが念頭にあるのであって、そのパラダイムの純化、完成が科学の進むべき方向である。そうした考えの延長上に科学の完成が思い描かれているのである。

科学の論理にかんするマッハの見解と神秘主義的伝統との親近性を見てきたが、そうした親近性はマッハにおいて重要な論点となっている時間、空間論にも押し拡げることができるかもしれない。たとえばシェフラーの次の詩句を見てみればよい。

「おまえ自身が時間をつくる、時計の仕掛けとなるのは感官である。その平衡輪をおまえが止めさえするなら、時間は消える。」(45)

ラッセルも取り上げているように、神秘主義の時間観念はその特徴的な要素をなしている。この詩句を見るとき、その時間観念はマッハのそれに直接かかわってくるようにも思えるのである。とはいえ、マッハの時間、空間論の展開は、経験論的立場の強力な後押しのもとになされた。とりわけ空間論についてはそういうことができるであろう。その意味では、神秘主義の伝統がそこに作用していたとしても、それが経験論的把握、あるいは論理的、合理的把握と一体となってはじめて、有効なものたりえたというべきである。

そうした事情を考慮しなければならないが、従来見逃されがちであったマッハ哲学と西欧神秘主義の伝統との連関を指摘するのがここでの課題であった。ジェームズは神秘主義について次のように述べた。

「神秘主義の言説には永遠の一致がある。それは批判者の口をつぐませ考えこませてしまう。神秘主義の古典は誕

生日も生まれ故郷ももたないといわれたのも、この一致のためである。」(46)

神秘主義がこのような超歴史的な面をもつものであるとすれば、歴史的脈絡が必ずしも判然としていなくとも、マッハがこれに関与したことは十分ありえたといわなければならない。マッハの著作は一読して平明であり淡泊であって、深みが感じられないにもかかわらず、世紀転換期に多くの、しかもすぐれた思想家、作家を含めた読者層を獲得した。そのことは単なる現象主義の哲学といったことでは説明がつかない。ブロッホが暗示したように、その哲学はある深淵をはらんでいたといえる。

4　合理主義的思惟と神秘主義的思惟のあいだ

前節で見たマッハ解釈、すなわちマッハ哲学の一源泉を神秘主義に求める見方が、なお文献的裏づけに乏しいことを認めなければならない。またマッハがそうした神秘主義の伝統を受け継いでいるとしても、それが何を意味するのかという反問をさらに惹起することにもなろう。そこで、私たちのマッハ解釈が、ある思想史的パースペクティヴに基づいたものであることを最後に示し、この二点の疑義に対する暫定的な答えとしたい。

カウルバッハは、いわゆるマッハの実証主義は「人間学的関心（das anthropologische Interesse）」によって貫かれていると見る(47)。カウルバッハが「人間学的関心」とか「人間学的根本把握」というばあいの「人間学」とは、「人間が考察の中心点にある」のはもちろんであるが、そこでは同時に「精密自然科学が、人間がみずからの人間的本質をみずからの生《ビオス》の歴史のなかで実現しえるようにするのに、最も適した働きをするものとみなされている」(48)ような人間学である。それは啓蒙主義的な人間中心主義といえるものである。たしかにマッハにおける進化論的な生物主義の立場にそれがみられるし、マッハの感覚主義の立場もいわば人間が感覚するのであって、人間を離れて物体の存在を想定する立場に比べれば人間主義の立場であるということもできる。彼が力を入れた科学の歴史的理解は、科学を人間の営みとして把握することのあらわれにほかならない。

けれどもマッハの哲学をすべてこのような人間学的関心で割り切れるかという点については問題も残る。人間学的関心を重視するカウルバッハは、自我の問題について次のような解釈をほどこさざるをえない。

「マッハの思惟の主要特徴は，科学におけるあらゆるドグマの否認にある。しかし彼は、物体や物体運動の認識を媒介するカテゴリーとモデルを、同時に認識主観と理論理性自体の理論にとっても規準になるとみなす誤りを犯している。それはとりわけ彼の『自我』論に明確にあらわれてきており、彼は自我を、物的実体批判のさいとひとしなみに、形而上学的誤謬概念として暴露しようとする。」(49)

しかし、この自我論はマッハ哲学のひとつの根幹をなしており、カウルバッハのようにマッハの思惟の核をドグマティズム批判に求め、この自我論のばあいは「彼が批判しようとしていたドグマティズムに少なからずみずからはまりこんでいる」(50)として、この部分を切り捨てることはできない。このことが示しているのは、カウルバッハのいう人間学的核心はマッハの重要な一面ではあるが、それがマッハ哲学のすべてではないということである。

私たちの先の考察は、そうしたマッハ哲学における他の一面として、神秘主義的思惟を想定したのであった。この意味からいえば、マッハにおいて、啓蒙主義的合理的思惟と神秘主義的思惟が併存していたということができよう。ところでこの両者の併存が十九世紀以降のヨーロッパ精神史を考えるひとつの鍵となるように思われる。たとえばショーペンハウアーについてもこの二面性がいわれる(51)。以下では時代的、地域的にマッハに続く世代に属するルートヴィヒ・ウィトゲンシュタインとローベルト・ムージルを取り上げて、私たちの問題提起が単にマッハ個人にのみかかわるものではなく、十九世紀から二十世紀にかけてのヨーロッパ精神史に広くかかわる問題であることを示しておきたい。

(a)　ルートヴィヒ・ウィトゲンシュタイン

ウィトゲンシシタインの『論理哲学論考』はその論理学的外観にもかかわらず、倫理の書であるともみられる。その面はとりわけ六・四節以降の叙述にあらわれているが、序文で予示されているような、全体の構成にもかかわってくる。ウィトゲンシュタインの書簡にもそのことを裏づける言及がある。ここではウィトゲンシュタインの哲学を詳細に検討することはできないので、以下では黒崎宏著『ウィトゲンシュタインの生涯と哲学』を手引きとして瞥見してみたい。黒崎氏は次のように述べる。

「たしかに、彼が『論考』を書いていたときは、『倫理的なるもの』が念頭を去らなかったと思われる。しかし『論考』そのものを素直に読めば、やはり『この本の意義は倫理的なものにある』と言うには、抵抗がある。『論考』自体の構成は、必ずしもそうなっていないからである。」(52)

黒崎氏は「倫理的なるもの」が『論考』において大きな意義をもっていることを認めつつも、その構成は必ずしも倫理的なものに定位していないと言い、『論考』を倫理の書と見ることには否定的な態度をとるわけである。その根拠として、『論考』の扱っている主要な哲学的諸問題には倫理的な問題も含まれるが、そうではないものも多いという。それらは倫理的なものというよりは、「形而上的なるもの」(53)である。次のようにいわれる。

「『論考』は『倫理的なるもの』についての命題で終るのではなく、その後に『形而上的なるもの』についての命題が続いている、という事である。そして『論考』を素直に読めば、この『形而上的なるもの』の方に、むしろ重みを感ずるのである。」(54)

とはいえ、『論考』は倫理の書ではなく形而上学の書であると黒崎氏はいっているわけではない。では『論考』は何の書か」と黒崎氏は問い、その根幹を『論考』最後の命題「人は語りえぬものについては、沈黙しなければならない」(七節)に見、そしてその前提となる「語りえるもの」と「語りえぬもの」との区別に見る。そしてさらには「語りえぬもの」は「示されえるもの」として再獲得されていることの重要性に見る。その上で黒崎氏は「語る」と「示す」の詳細な検討に立ち入る。そうした手続きを経て、あらためて「『論考』は何の書か」と問い、「もちろん語りえぬものが存在する。それはみずからを示す。それは神秘的なものである」(六・五二二節)を引きつつ、哲学の目標は、「示す」によって神秘的なものを暗示することにあるが、『論考』自体はそれについておこなっておらず、「『論考』の実質は、結局、『世界が正しく見えるようにしてくれる書』であり、世界が正しく見える見地へ導いてくれる『誘導の書』なのである」(55)とされる。

さてここでもういちど『論考』は倫理の書であるとする見方に立ち戻ろう。倫理の書であるというとき、それは『論考』が倫理の体系を述べたものであるとか、倫理の諸原理をもっぱら論じているといっているわけではなく、『論考』が倫理への関心によって貫かれているということであろう。そうすると、黒崎氏の解釈に従ったばあい、『論考』は神秘主義の書であるということもできるのではなかろうか。ラッセルの『論考』序文は誤解の多いものとされるが、そのなかで彼は次のように語っている。

「命題の論理的構造と論理的推論の本性がまず取り扱われる。そしてそこから順次、認識論、物理学の諸原理、倫理へと進み、最後に神秘的なもの（*das Mystische*）へと至る。」(56)

『論考』を素直に読めば、「倫理へと進み、最後に神秘的なものへと至る」という叙述の方向性がたしかにみられる。黒崎氏は、上の引用部分を検討し、批判しながら、この最後の点について明確な判断をくだしていないのは片手落ちである。黒崎氏自身の解釈が、『論考』は神秘主義の書であると見る方向にむかう可能性を内在させているからである。すでにブロックが、「示す」についての説を『論考』の根幹をなすものと見ているが(57)、黒崎氏も『論考』は何の書か」に答えるために「語る」と「示す」の区別に詳細に立ち入っている。そして「示す」の用法を仔細に検討し、類別してもいる。だがここで忘れてはならないのは、「語る」と「示す」を対比させる伝統である。たとえばプロティノスは次のようにいっている。

「……そしてこの故に『語られもせず、記されもせず』というようなことが言われるのである。これをしかしわれわれが語ったり、書いたりするのは、ただ（人を）かのものの方へ送りつけて、語ることから観ることへと目ざめさせるだけなのであって、それはちょうど何かを観ようと意《おも》う人のために道を指し示すようなものである。すなわち道や行程は教えられるけれども、実地を観ることは、すでに見ようと意《ねが》った者の仕事なのである。」(58)

神秘主義（Mystik）という語が目や口を閉じるという意味のギリシャ語に由来することからも予想されるように、語ることと語れないこと（沈黙すること）の対比が神秘主義の根本要素をなしている。そして神秘主義においてその問題がさらに示すことの問題へと展開されていることを右の一例は明らかにしている。『論考』にもそうした神秘主義の伝統が受け継がれていると見ることができる。

そしてじっさい、『論考』において神秘主義が重要な役割を担っていたことを、マックギネスが伝記的事実にも立ち入りながらすでに論証している(59)。マックギネスはそこで自然神秘主義（nature mysticism）という概念を導入しているが、いずれにしてもウィトゲンシュタインにおいて神秘主義的思惟を無視することはできない。そしてそれが合理的、論理的思惟と緊張関係を保っているのである。

(b)　ローベルト・ムージル

ムージルの大作『特性のない男』において、神秘主義が大きな意味をもっていることは否定できない。そこで思い描かれている神秘主義は「白日の神秘主義（die taghelle Mystik）」ということばで表現されている(60)。そして次のような文に出会うとき、ムージルの考えている神秘主義が私たちの探っていた神秘主義の近くにあることが感得される。

「これはキリスト教やユダヤ教やインドや中国の聖典だ。これらの聖典のひとつひとつの間には千年以上の間隔がある。それにもかかわらず、これらすべての聖典には、あたりまえのものを回避するが、しかしそれ自体で統一的な、内的運動のおなじ構造が認識される。それらが互いにことなるのは、厳密に言って神学の体系、つまりこれらの

聖典のために保護する屋根となっている天の英知との結びつきに由来するもののせいにすぎないのだ。」(61)

そこには、特定の地域、宗教を突き抜けて存立しうる神秘主義への希求がある。そしてそれはもちろん、奇想天外なもの、魔術的蒙昧なものとは区別される内容をもつ。

ムージルは多読家ではないといわれるが、『特性のない男』における神秘主義の叙述の多くもマルティン・ブーバーの編んだ神秘主義のアンソロジー(62)に負っており、ムージルはほとんどそれだけを典拠として、それを自由に翻案しているのが実情のようである。しかしヒュッパウフは、この典拠からの影響ということよりも、ムージル自身のうちに内在していた想念と、その典拠中の神秘主義の想念との一致という面を重視する(63)。そしてムージル自身にさえも彼の小説が神秘主義のある種の構造と対応していることが自覚されていなかったが、にもかかわらず、その小説を特に十三、四世紀のドイツ神秘主義に関連づけることができるという(64)。

さらにヒュッパウフは次のように続ける。神秘主義は超越に対して内在を志向するが、その内在は自己の内部における神との合一という内容をもっている。しかし、ムージルにおいてはそうした神との合一という契機は消えており、それとは別の世界内的な合一が志向されている。その意味では、「神秘主義的伝統と啓蒙主義的伝統の結合」(65)といったものがめざされている。『特性のない男』では「神秘主義はその宗教的内実を失っているため、その精神性は啓蒙主義の知的意図へと移行しうる。神秘主義と啓蒙主義の対立はその本源的敵対関係を失い、ひとつの綜合のうちで合一している。」(66)

ヒュッパウフに従い以上のように把握することができるとすれば、ムージルにおいて神秘主義が重要な要素をなしており、そしてここでも合理主義的思惟と神秘主義的思惟のかかわりが問題となっているということができる。

マッハ、ウィトゲンシュタイン、ムージルの三人は、ウィーンの精神といったもので包括されるであろう。いわゆるウィーンの精神にとって、そこに含まれるものの多様性は本質的であるというべきかもしれない。だがその前半世代の科学者・哲学者マッハと、それぞれ自然科学や数学、工学の素養を積み、その後に哲学を学ぶという経歴をもつ後半世代のウィトゲンシュタイン、ムージルのあいだに、ひとつのつながりを見ることは十分可能である。神秘主義が後の二者には顕在的なかたちであらわれている。それは、マッハにおいて神秘主義が潜在的にあったことを想定するひとつの状況証拠となりうるのではないか。すなわちマッハにおいて潜在的にあった神秘主義的思惟が後の二者において顕在化したと見ることができはしないか(67)。この点についてはなお検討の余地があろう。とはいえマッハにおいて神秘主義が潜在していたとする私たちの問題提起は、単にマッハ哲学にまつわるエピソードといった問題につきるものではないことを、以上の思想状況は示している。それは十九世紀以降の神秘主義の展開の問題、そして特に神秘主義的思惟と合理主義的思惟の接点の問題にかかわっているのである。

注

（１）"Selbstporträt ohne Spiegel", in E. Bloch, *Gesamtausgabe*, Bd.9, 1965. ブロッホ『異化』片岡・種村・船戸訳、現代思潮社、一九七一年。

（２）E. Mach, *Die Analyse der Empfindungen*, 9.Aufl., 1922, S.30. マッハ『感覚の分析』須藤・広松訳、法政大学出版局、一九七一年、二八頁。以下、原典からの引用にあたっては、参照した邦訳書の頁数を併記するが、原典を参照しえなかったフォイヤーの著書および中世ドイツ語で書かれているエックハルトの説教からの引用をのぞき、訳文は必ずしも邦訳書に従っていない。

（３）*Ibid.*, S.30. 邦訳二九頁。

（4）*Ibid.*, S.303. 邦訳三〇五頁。

（5）K. Pearson, *The Grammar of Science*, 3rd ed., 1911, p.65. ピアソン『科学概論』（世界大思想全集）平林訳、春秋社、一九三〇年、六七頁以下。

（6）E. Mach, *op.cit.*, S.15. 邦訳一六頁。傍点は引用者。

（7）E. Bloch, *op.cit.*, S.225. 邦訳一五頁。

（8）*Ibid.*, S.226. 邦訳一七頁。

この箇所は邦訳では次のようになっている。

「それは、私たちにとっては、あたりまえすぎる所与の事実である。そしてマッハは、思想家としてはすぐれていないままに、それを『反形而上学』のために、まぎれもない表面として描いてみせたのである。」（傍点は引用者）

マッハの愛読者にとって、ブロッホがマッハを「思想家としてはすぐれていない」と見ているかいないかに、こだわらざるをえない。原文は次のようになっている。（イタリックは引用者）

Es ist unsere platteste Gegebenheit, und Mach, *ein nicht eben tiefer Denker*, hat sie aus》Antimetaphysik《als die wahre Oberfläche gezeichnet.

すなわちここで tief とは Oberfläche (oberflächlich) と対になる語である。だがここで nicht tief=oberflächlich ということの内容はネガティヴなものを意味しているわけではない。つまり問題の箇所は、深さを狙う思想家ではないといったていどに解釈すべきであり、「思想家としてはすぐれていない」というのは訳しすぎであって、ブロッホの言おうとしていることを曲げることになろう。

（9）*Ibid.*, S.226. 邦訳一七頁。

（10）L. S. Feuer, *Einstein and the Generations of Science*, 1974. フォイヤー『アインシュタインと科学革命――世代論的・社会心理学的アプローチ――』村上・成定・大谷訳、文化放送、一九七七年。

（11）フォイヤー、邦訳五八頁。

(12) 同、四三頁。
(13) 同、四五頁以下。
(14) 同、四五頁。
(15) W. James, *The Varieties of Religious Experience*, 1902, in *The Works of William James*, 1985, p.301.『ウィリアム・ジェイムズ著作集・4』桝田訳、日本教文社、一九六二年、一七八頁。
(16) J. Blackmore & K.Hentschel (Hrsg.), *Ernst Mach als Aussenseiter*, 1985, S.3.
(17) Cf. W. James, *op.cit.*, p.387. 邦訳三四一頁。
(18) J. Blackmore & K.Hentschel (Hrsg.), *op.cit.*, S.5.
(19) *Ibid.*, S.3.
(20) フォイヤー、邦訳四三頁。傍点は引用者。
(21) Cf. A. Schopehauer, *Sämtliche Werke*, 3. Aufl., Brockhaus, 1972, Bd.2, S.450, Bd.3, S.705, etc.
(22) 西谷啓治「ニイチェのツァラツストラとマイスター・エックハルト」(一九三八年)、『ニーチェ全集・別巻』白水社、一九八二年、参照。
(23) "Mysticism and Logic", in B.Russell, *Mysticism and Logic and Other Essays*, 1917.
(24) F. W. Wentzlaff-Eggebert, *Deutsche Mystik zwischen Mittelalter und Neuzeit*, 2. Aufl. 1947, S.6. ヴェンツラッフ=エッゲベルト『ドイツ神秘主義』横山訳、国文社、一九七九年、一四頁以下。
(25) B. Russell, *op.cit.*, pp.8ff.
(26) W. James, *op.cit.*, pp.302f. 邦訳一七八頁以下。
(27) プロティノス「善なるもの一なるもの」田中・水地・田之頭訳、『プロティノス・ポルピュリオス・プロクロス』(世界の名著)、中央公論社、一九七六年、参照。
(28) E. Mach, *op.cit.*, S.19. 邦訳一九頁。

（29）*Ibid.*, S.19f. 邦訳二〇頁。
（30）*Ibid.*, S.140. 邦訳一四二頁。
（31）Cf. *ibid.*, S.82f. 邦訳八五頁。
（32）この辺の思想史的事情を理解するためには、さらにこの面でのマッハの先駆者であるフェヒナーの「精神物理学」の背景について考察することなどが必要であるが、それは今後の課題としておきたい。
（33）要素論、思惟経済説については、本書第2章「エルンスト・マッハの認識論」、参照。
（34）G. Kirchhoff, *Vorlesungen über Mathematische Physik*, 1876, 1. Vorlesung, §1.
（35）"Beschreibung und Erklärung", in E.Mach, *Populär-wissenschaftliche Vorlesungen*, 4.Aufl., 1910.
（36）Cf. "Kausalität und Erklärung", in E.Mach, *Die Principien der Wärmelehre*, 1896. マッハ『熱学の諸原理』高田訳、東海大学出版会、一九七八年。
なおキルヒホッフは次のようにいっている。人々は従来、力学を諸力（Kräfte）の科学であると考えてきた。しかし、こうした力や原因という概念は不明確な概念であって、むしろ力学の課題は自然界に生起する運動を記述することにある、と。Cf. G. Kirchhoff, *op.cit.*, Vorrede.
（37）Angelus Silesius, *Der cherubinische Wandersmann*, hrsg. von E. Brock, 1979, S.53.
（38）E. Mach, *Erkenntnis und Irrtum*, 5.Aufl., 1926, S.232. マッハ『認識と誤謬（抄）』野村訳、『ヘルムホルツ・ベルナール・ヘッケル・マッハ』（世界大思想全集）河出書房新社、一九六一年、二五頁。
（39）*Ibid.*, S.235. 邦訳二六一頁。
（40）*Ibid.*, S.248. 邦訳二六五頁。
（41）Cf. K. R. Popper, *Conjectures and Refutations*, 5th ed., 1974, Ch.10 "Truth, Rationality, and the Growth of Scientific Knowledge". ポパー『推測と反駁』藤本・石垣・森訳、法政大学出版局、一九八〇年、第十章「真理・合理性・科学的知識の成長」。この章は、ポパーの自信に満ちた口調に変化はないものの、アンビヴァレントな論文である。

（42）Cf. E. Mach, *Die Analyse der Empfindungen*, 9.Aufl., 1922, S.300. 邦訳三〇〇頁。

（43）Meister Eckhart, *Die Deutsche Werke*, Bd.3, 1976, S.488. エックハルト『神の慰めの書』相原訳、講談社学術文庫、一九八五年、二八五頁。

（44）Cf. T. S. Kuhn, *The Structure of Scientific Revolutions*, 2nd. ed. enlarged, 1970. クーン『科学革命の構造』中山訳、みすず書房、一九七一年。また次の拙論も参照。「科学発展の論理――トーマス・クーン『科学革命の構造』について――」北海道大学哲学会『哲学』第十五号、一九七九年。

（45）Angelus Silesius, *op.cit.*, S.47.

（46）W. James, *op.cit.*, p.332. 邦訳三四〇頁。

（47）F. Kaulbach, "Das anthropologische Interesse in Ernst Machs Positivismus", in J. Blühdorn & J. Ritter (Hrsg.), *Positivismus im 19. Jahrhundert*, 1971.

（48）*Ibid.*, S.41f.

（49）*Ibid.*, S.52.

（50）*Ibid.*, S.52.

（51）次のようにいわれる。

「簡単にどちらが正しいと決められない二重性がショーペンハウアーにはいたるところにある。ドイツ神秘主義と一八世紀啓蒙思想という相反する二要素を一身に合流させていた彼は、一方ではあらゆる合理的な世界解釈を否定しておきながら自らは合理的に語り、他方では体系的に一貫した世界像を構築したと称しながら自らは体系をはみ出たものを予感していた。この矛盾と二重性のうちにショーペンハウアーの魅力があることは言うまでもない。」（西尾幹二「ショーペンハウアーの思想と人間像」『ショーペンハウアー』（世界の名著）中央公論社、一九七五年、九九頁）

（52）黒崎宏『ウィトゲンシュタインの生涯と思想』勁草書房、一九八〇年、一二四頁。

（53）同、一三二頁。

（54）同、一四四頁。
（55）同、一六六頁。
（56）B. Russell, "Introduction", in L.Wittgenstein, *Tractatus Logico-Philosophicus*, 1922, 1962, p.7.
（57）Cf. I. Block, "'Showing' in the *Tractatus*: The Root of Wittgenstein and Russell's Basic Incompatibility", 1975, in S.Shanker (ed.), *Ludwig Wittgenstein: Critical Assessments*, vol.1, 1986.
ブロックは次のように言っている。
「実際、ウィトゲンシュタインによるラッセルとフレーゲ批判は、論理学の発展に、あったとしてもほとんど影響を及ぼさなかった。これは思うに、一般に論理学者が、示すについての説によって提示された言語観からはるかに隔たったところにいるためである。」(p.136)
そしてラッセルの『論考』誤解も、主としてこの「示す」についてのウィトゲンシュタインの説を捉え損なったことに起因するものだと彼はいっている。
（58）プロティノス、邦訳一三〇頁。
（59）B. F. McGuinness, "The Mysticism of the *Tractatus*", in *The Philosophical Review*, vol.75, 1966.
（60）R. Musil, *Der Mann ohne Eigenschaften*, in *Gesammelte Werke*, hrsg. von A.Frisé, Bd.1, 1978, S.1089. ムジール『特性のない男・5』高橋・川村・森田訳、新潮社、一九六六年、五五頁。
（61）*Ibid.*, S.766. ムジール『特性のない男・3』高橋・伊藤訳、新潮社、一九六五年、三〇七頁。
（62）M. Buber (Hrsg.), *Ekstatische Konfessionen*, 1909.
（63）B.-R. Hüppauf, *Von Sozialer Utopie zur Mystik. Zu Robert Musils "Der Mann ohne Eigenschaften"*, 1971, S.13.
（64）*Ibid.*, S.14.
（65）*Ibid.*, S.15.
（66）*Ibid.*, S.16f.

(67) マッハとウィトゲンシュタイン、ムージルとの直接的関係についてここでふれておかなければならない。
ウィトゲンシュタインはウィーンでのマッハの影響力の圏外に立っていたとみられている。実際、『論考』も、マッハよりはヘルツやボルツマンの物理学思想の影響下にあるように思われる。とはいえ、最近、ヴィッサー(H.Visser)、スルガ(H. Sluga)といった人たちによってウィトゲンシュタインにおけるマッハの影を読み取ろうとする努力が試みられていることは、注目しておく必要がある。

これに対してムージルはマッハをある時期に好んで読んでおり、マッハ哲学を学位論文のテーマに選ぶことになった。『マッハ学説の判定への寄与』と題されるこの学位論文は、いわば自然科学的立場を基礎にした認識論の構築の立場から書かれた(これについては、本書第7章「ローベルト・ムージルの学位論文——『マッハ学説の判定への寄与』の検討——」、参照)。しかし、ムージルはけっして自分の論文に満足していたわけではなく、ムージルがマッハの何に共感をもったのか、あらためて問い直す必要がある。

第5章　思想史のなかのエルンスト・マッハ

1　課題の設定――マッハ像の再構築と世紀転換期思想の再把握――

マッハの哲学は、これまでに多くの人々の注目を引き、肯定的な、また否定的な批評を呼び起こした。にもかかわらず、マッハ自身が自己の思想に「哲学」の名を冠することを辞退したことに象徴的に示されているように、それを体系的に展開し、確定することにマッハはそれほど関心をもたなかった。断片的性格はマッハの所説だけではない。マッハの所説に対する批評もいきおい断片的にならざるをえなかった。J・ティーレ編『エルンスト・マッハ文献目録』(1)はそうした批評文献を網羅しているが、それらの文献の多くはわずかな頁数のものにとどまり、そうした事情を反映している。なかには――新カント派の哲学者などによる――かなりの頁数におよぶマッハ批評文献も見られるが、それらを実際にひもといてみると、マッハでなくとも、論者が「マッハ哲学」なるものを創作し、それを批判しているにすぎないといいたくなることはないであろうか。そのような状況のもとにあって、しかしながらそうしたマッハの叙述の断片のなかから、マッハ自身にもあるいは自覚されていない彼の思想的核心を取り出すことはできないものであろうか。

マッハが、たとえば相対性理論成立史の観点からあらためて注目されている(2)。だがそうした点を考えるについても、ふり返ってマッハの思想史的位相、哲学的地平といったものを、それ自体として明らかにすることが必要だという気持ちに駆られるであろう。すぐに思い至ることは、マッハは、プランクやアインシュタイン、あるいは世代的にはより近いところにいるボルツマン等の物理学者に比べ、生理学や心理学に深く関与していることである。もちろんこのこと自体はマッハのきわだった特色ということではなく、フェヒナーやヘルムホルツといった先達がいる。だがマッハが原子論や相対性理論を判定するさいに、彼のこうした知的背景が陰に陽に作用したことはありうる。一般にマッハの犯した誤謬や一面性なるものも、マッハの思想的世界との関連においていわれるのでなければ、不当な評価に終る危険性がある。

そこで課題とすべきなのは、マッハの思想的世界を明らかにし、またそこにある思想的核心を取り出すことであろう。とはいえ、それは一挙になされるものではない。当面の課題としては、むしろマッハの思想のなかであまり留意されていなかったり、明らかにされていない面を取り出し、それをマッハの思想のなかに正しく位置づけ、それをとおしてマッハ像の再構築をはかることがあるであろう。

二十世紀にあっては科学のパラダイム化が進み、創造的作業とされるものも多くはあるパラダイムのなかでのルーティン・ワークにすぎない、といったことになってきているように思われる。そうしたなかでは、当の科学者たちの私的な、往々にしてプリミティヴな思想や哲学は、さして意味をもたないといえるであろう。だが十九世紀から二十世紀初頭にかけての科学と思想の状況はもっと流動的であったことは、だれしも認めるであろう。それが近世初頭に比せられる科学革命の時代と呼べるかどうかは措くとしてもである。

マッハについて見ると、彼の生涯の八割がたは十九世紀に属している。その分だけまた、二十世紀の人々にとって疎遠となってしまった思想や観念を、案外深く身につけていたということもあったと思われる。そうした予想のもとに、私はすでに「マッハ哲学の一源泉」(3)と題して、マッハの哲学のうちに西欧神秘主義の思惟様式を読み取った。科学や哲学における抽象的な思惟をも、思想史の大きな流れのうちで捉えてゆく試みは、このところ、進んできているように思われる。たとえばフェルマンは、フッサールの現象学を表現主義と関連づける(4)。ただしこのばあいは、フッサールのホフマンスタール宛の書簡などの物的証拠が存在していた。それに対して私の立論にはそうした証拠が欠けていた。そのため、推定の根拠をもっぱらマッハの置かれた思想史的状況、そしてマッハ哲学の思惟様式(思考形態)の分析に頼らざるをえなかった。それゆえ、その論拠の弱さを否定しえないが、他方、先のフェルマンもまた、ある個所で次のようにいっていることに留意したい。

「だが、ここで重要なのは、文献によって裏づけられる依存関係を証示することではない。思考形態の分析にとっては、そうした依存関係には二次的な重要性しかない。思考形態の分析が浮かびあがらせようとするのは、さまざまな著作家たちの思考に或る時代の情勢が刻印されるその有様である。」(5)

また、この方面では先駆的業績であるジャニクとトゥールミンの『ウィトゲンシュタインのウィーン』においても、その論述のさいに「状況証拠(circumstantial evidence)」の収集を迫られたとか、そこで提出されている見解が「仮定的な解答(hypothetical solution)」であるとか「正直なところ推測の域をでていない(frankly conjectual)」といわれていることに留意したい(6)。そうであれば、私のとった方向も、彼らの線にそったものとして、方法的に是認されるであろう。

私は「マッハ哲学の一源泉」において、マッハ哲学にある次のような思惟様式を取り上げ、それを西欧神秘主義の思惟様式に関連づけた。

(a)マッハの基本的所説として要素論と思惟経済説があげられる。まず要素論は、一者への合体をめざす神秘主義の思惟様式と関連づけることができる。特に要素論に基づく自我論は、そうした合体をめざしての没我、一体化、自己放棄に照応しうる。また思惟経済説には思惟の否定の契機が内在しており、それとともに広大な経験領域との一体化という方向性をもっており、これもまた神秘主義の傾向と合致している。

(b)マッハは、科学の仕事は記述にあると主張するが、マッハが説明ではなく記述に固執する背景には、説明が因果論的思惟に縛られていることへの批判がある。つまり因果論批判がその根底にあるのだが、それはまた西欧神秘主義に深く内在している。

(c)啓蒙主義者が一般に科学の無限の進歩を思い描いているのに対し、マッハは科学の完成を思い描いている。そうした完成、その意味での静止への願望がみられることは、マッハが単なる啓蒙主義者ではないこと、さらには神秘主義的傾向への関与を予想させる。

以上のような思惟様式の同型性をもとに、マッハ哲学の源泉のひとつが少なくとも西欧思想史の地下水脈とされる神秘主義にあると推定したのであった。もちろん、その前提として西欧神秘主義の伝統を、当時も盛んであった蒙昧な心霊術的なものからはっきり区別して理解することが必要である。そして一方で啓蒙主義的、経験主義的立場は、マッハの叙述にはっきりと明示されているから、啓蒙主義的、経験主義的思惟と神秘主義的思惟との独特な結合をそこに見るべきである。

この推定を裏づける直接的証拠を探索することには、当面あまり期待できない。それよりもむしろこの推定を手がかりにしながら、マッハを、当時の思想家たちとのかかわりに留意しつつ、見直してゆくという作業がより有効なものとなるであろう。そうした道をとるならば、この推定に対する間接的証拠をさらに集めることはできるであろうし、あるいは少なくとも、推定の適否についての判断の材料をふやすことができるであろう。それをとおして、マッハ像の再構築の課題、さらには十九世紀から二十世紀にかけての世紀転換期のヨーロッパ思想の再把握という課題への道が開けてくるであろう。そこでまず、マッハの思想の性格がよく出ていると思われる『感覚の分析』第一章を、自我の問題を中心にして解読を試みる。続いて『感覚の分析』第一章の解読のさいにも問題になる、マッハ思想と精神分析との関係を扱う。最後にマッハ「哲学」の位置を問題にする。すなわち、「マッハ哲学は存在しない」ということばについての、思想史的脈絡からのある解釈を試みる。

2　「自我」の位相――『感覚の分析』第一章の解読――

エルンスト・ブロッホは短いけれども洞察力あふれるマッハ論、「鏡なしの自画像」を書いている(7)。そこでは『感覚の分析』第一章に出てくるふたつの挿話が取り上げられている(8)。この第一章は、マッハの諸著述のなかでも、哲学的に最も重要なものに属するといってよい。そこでマッハは彼の認識論的立場を集約的に述べており、倫理的事柄にも言及している。もっとも、彼の認識論的立場を全面的に展開しているとはいえない。この書が、『力学史』や『熱学の諸原理』のように物理学的問題にではなく、感官生理学的、心理学的問題に重点を置いた著作であることと関係してくるわけであろうが、彼の要素論と思惟経済説との二大原理のうち、もっぱら前者が基盤とされている。後者にはあまり言及されていないし、それも消極的なかたちのものでしかない。仔細に見ると、要素論、この「根本的な観方」

は「最小の出費によって、つまり他の観方よりもより経済的に、当座の全知識に役立つのである」といい、さらには「この根本的な観方は、全く経済的な機能〈に徴してのみ意義をもつものにすぎない〉という自覚を伴っているから、極めて寛容な態度に出る」といい、要素論を思惟経済説に基礎づけようとする重大な発言もしている[9]。しかし、これは、要素論の独断性に対する批判をかわすためにつけ加えられた発言であって、この章の全体的傾向からいって、副次的なものとみなしてよい。この章はしたがって、マッハの要素論の立場（マッハは要素＝感覚と捉えているので感覚主義の立場と言い換えることもできるが）を闡明したものであるといえる。しかし、それは、哲学的に見たばあい、ひとつの「自我」論ともなっている。ブロッホはそのように見たのである。たしかに、この章全体を自我の問題を中軸にして展開されているものとして読むことができる。のみならずブロッホは、そこにおけるマッハの科学的、合理的説明の示している外観に惑わされず、余談と見られがちなふたつの話題に注目することにより、一見表面的な（浅薄な）様相を呈している「マッハ哲学」の深層に迫ることができたのであった。

　ふたつの話題のうちのひとつ、挿絵をめぐる話題についていえば、この絵は意表をつくパースペクティヴで描かれている。それはしかし、単に視覚像を経験的に忠実に描いたていどのものとして見られがちである。本文を注意深く読めば、この絵は、まず、私の身体を描いたものであることがわかるのだが、それすら見落とされるばあいが多いようである[10]。つまり、この絵は、ブロッホのいうように、自画像（自我像）といえるのである。そして、そのことは、本文に付された注を見ることにより明らかになる。そこで、この絵を描くことになったのは、故v・L氏にクラウゼの書物を読まされ、そのなかにある「哲学的『空騒ぎ』をおもしろおかしく図説し、併せて、実際どのように『自我』の自己観察を遂行するかを示すために、次頁の図をかいてみたのである」[11]と彼はいっている。このv・L氏とは、ヘルマン・フォン・レオンハルディ男爵であることはほぼまちがいない[12]。プラハにいたマッハの知的環境の一端をうかがい知ることができる。さらに次のようにつけ加えられている。

「V・L氏とのつきあいは、ふつうなら注意深く沈黙を守ったり、かくしたりする哲学思想を、氏が天真爛漫に語ってくれるので、私にとっては甚だ教えられるところ多く、また大いに刺戟になった。」(13)

ここから、（この章ではかなり自由に語っているものの）マッハ自身そうした哲学思想を、必ずしも天真爛漫（Naivität）に語らなかったと、あるいはまた語る必要も感じていなかったと推察してもよさそうである。だとすれば、マッハにおいて沈黙され、隠されていた哲学思想を掘り起こす余地も残されていることになる。

さて、マッハは、以上のようにして下の絵を描くきっかけを得たのを一八七〇年頃のこととしている。このような絵が、ディングラーによれば、一八八二年のマッハのノートブックに描かれているようであるから(14)、いずれにしてもこの本のために思いつきで描かれたのではなく、永くあたためていた絵であったわけである。ブロッホはこの絵を「鏡なしの自画像（Selbstporträt ohne Spiegel）」と名づけた。だが、マッハ自身の解説文からいえば、「首（頭）なしの自画像」といったほうがより適切であるように思える。「首（頭）なしの（ohne Kopf）」という表現が文中にみられる

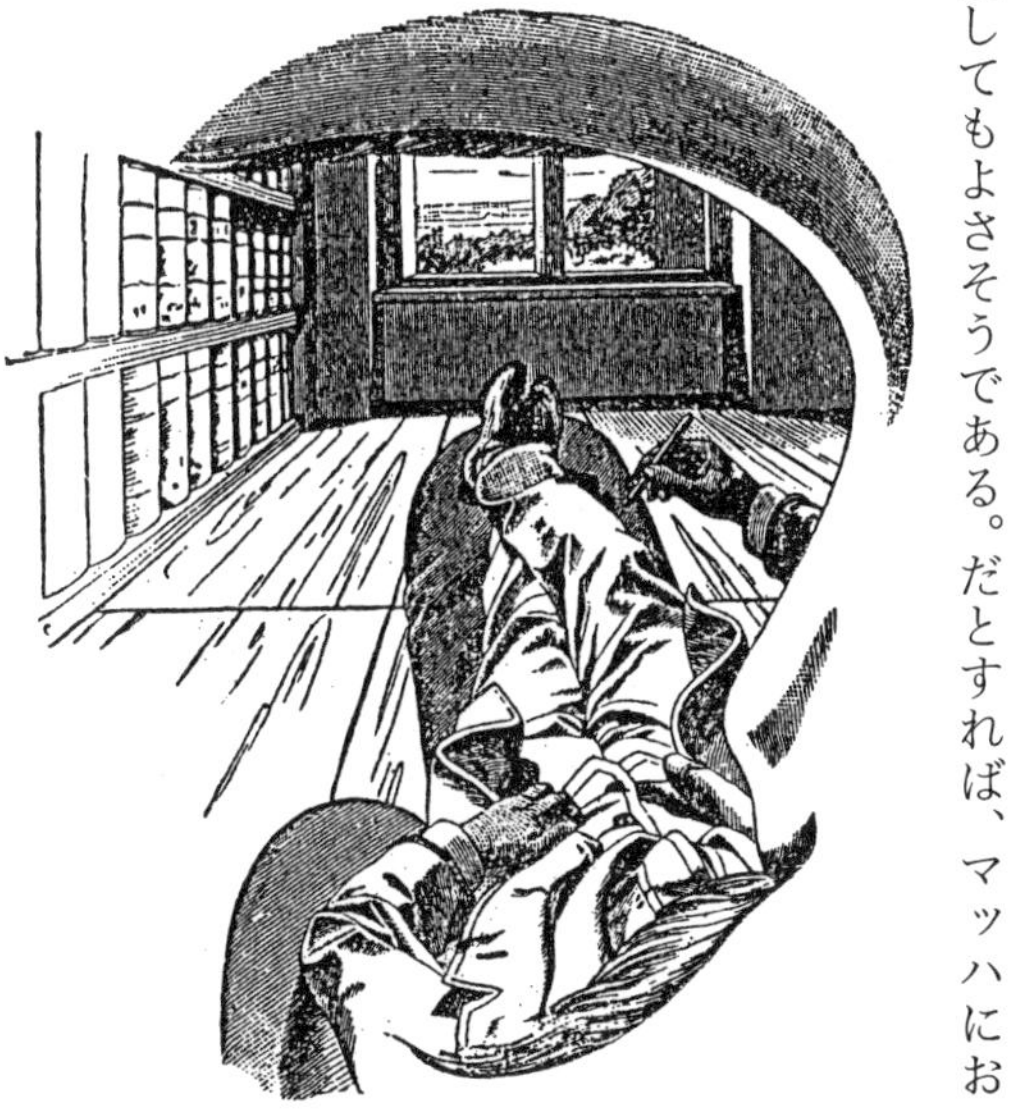

からである。にもかかわらずブロッホが「鏡なしの自画像」と命名したのは、自分を見るためには、また自分を描出するさいには、鏡を使うというごくあたりまえの方法をマッハが無視したことを私たちに気づかせるためでもあろう。そしてそれとともに、ブロッホがマッハから引き出しているもうひとつの話題、鏡の映し出す自己の像の不確かさとの連関を念頭に置いているためでもあろう。現在の私たちの物理学的常識からいえば、鏡によって光を反射させて自己の像を見ることになんら問題を感じないが、それはマッハの時代の常識にとってもかわりはないはずである。この便利な鏡を用いずに「眉毛半弓、鼻、および口髭からなる枠の内に」囲まれた胴体や手足をもって「私」だということ、見える私とはこのていどのものだと説くマッハの哲学思想には、なにか隠されたものがありはしないかと問うてみたくなるのは当然であろう。

ポルピュリオス『プロティノス伝』によれば、プロティノスは肖像画を軽蔑し、弟子がそれを描かせる許可を求めたとき、次のように答えたという。

「なるほど。自然がわれわれにまとわせた模像（肉体）を背負っているだけではまだ足りないで、もっと長持ちのする模像の模像を、まるでそれが何か眺めるに値するものであるかのように、自分の後に残すことを私が承知すべきだと、君は言うわけなのだね。」(15)

プロティノスのこのことばにおいて、まず肉体が魂の模像であるという見方があり、この点については、マッハの先の箇所とさしあたりふれあうところはないが、マッハが鏡に映る姿をここで問題にしない様は、マッハが、鏡に映った姿などは模像の模像にしかすぎないと見たのではないかと予想したくもなる。

ここでもうひとつの話題に移ろう。まさに鏡にまつわる挿話が問題になる。全文を引こう。

「若い頃、はなはだ不快で気にくわぬ横顔を街なかでみかけたことがある。それが自分の横顔だと判った時、少なからず面くらった。それは通りがかりの鏡屋の店先で、はすに向き合っている鏡に自分が映っていたのだった。また或る時、難儀な夜汽車の旅を終えて、つかれはてて乗合バスに乗込んだところ、向こう側からも一人の男が乗込んできた。『何てうらぶれた学校の先生が乗って来たんだろう』と思った。それは私自身であった。大きな鏡が向こうに立っていたのである。私個人の容貌よりも階級の容貌の方をよく知っていたというわけである。」(16)

ここでは先の例に反し、鏡が自分の姿をありのまま映してくれるものであるという常識的前提のもとに話が進んでいる。しいていえば、鏡は、あるいは写真や絵なども含めて、始終私たちが利用しているにもかかわらず、たいして私たちの自我像認識を発達させるのに貢献していないことが問題ということになろう。この箇所は「人間は自分のことはよく知らないものである」ということに付せられた注である。本文の話の筋からいえば、自我の恒常性が相対的なものであるということのなかで語られているわけで、そこではもっと観念的な自我が問題にされているが、ごく日常的な経験における像的自我ですらこのように不確かなのだとマッハはいうのである。そして、実際、説得的な例ではある。私たちの自我とはあてにならないものだという気にさせられてしまうからである。

ところで、フロイトは、マッハに言及することはひじょうにまれであるが、そのまれな例のひとつで、彼はこの箇所を引用している。『無気味なもの(Das Unheimliche)』(一九一九年)(17)において、この注の話を引いたあと、さらにフロイト自身がひとりで寝台車に乗っていたときにもった同様の体験をつけ加えている。そこではしかし、彼の思考の枠のなかへそれらの体験をはめこんでいる。フロイトによれば、自分たちが見た、あるいは予感したのはドッペルゲンゲル(二重自我)であって、それだからこそ不愉快に感じたのである。彼らはすでにドッペルゲンゲルの存在など信じていないから、事態は次のようになる。

「つまりわれわれ二人――マッハと私はドッペルゲンゲルにびっくりするかわりに、それを承認しなかったまでのことである。しかし、そのさい感じた不愉快さは、ドッペルゲンゲルを無気味なものと感ずる、あの原始的反動の残滓だったのではあるまいか。」(18)

フロイトのこの解釈において、彼が着目するのは、自分だと気がついたときに抱く、不愉快さである。マッハの文脈でいえば、そうした不愉快さは、自分の像を知らないことからくる不愉快さであり、そのさい、えてして、自分をよりよいものとして想像しているため、現実の自分をはるかにそれ以下の、「不快で気にくわぬ」、「うらぶれた」姿をしていることに気づいたことからくる不愉快さといったていどのものとして、問題にされているにとどまる。フロイトの当該論文の主旨として、「unheimlich は heimlich の一種類なのである」(19)ということがあるが、自我とは、そうした heimlich と unheimlich のあいだを揺れるものであるというかぎりは、マッハもそうした見地に立っているといえ、両者の共通の地盤がある。だが、フロイトの論文の展開を見てゆくと、両者のあいだで大きく方向が分岐してゆくことは、おおい難い事実である。

ブロッホがマッハのこの箇所を取り上げたとき、フロイトのそれにかんするコメントも念頭にあったことはほぼまちがいない。なぜならブロッホは、ちょっとした思い違いをしているからである。ブロッホによれば、マッハはあるとき寝台車で自分の席につこうとしたが、むかいでうらぶれた学校の先生風の客が同じようなことをしているのを見出した。だがそれが実は鏡に映った自分自身であることに気づくことになる。けれども、マッハは夜汽車の長旅のあと乗合バスに乗ろうとしたときにこの体験をしたのである。寝台車でこのような体験をしたのはフロイトのほうであった。マッハの挿話を引いたあとでつけ加えたフロイト自身の体験の挿話がそれである。ブロッホはフロイトのことを意識したのであろうが、その点には立ち入らなかった。立ち入ったなら当然マッハとフロイトの分岐点を問題にせざるをえなかったであろう。（マッハとフロイトの立場の関係という重要な問題については、節をあらためて問題にしたい。本章第3節、参照。）

私は以上のような自我理解のなかにもマッハの神秘主義的傾向を見たいのであるが、この『感覚の分析』第一章のなかに、もっと明瞭に神秘主義的傾向を読み取ることのできる箇所がある。これもまた注のなかの一節である。「われわれにとっては、差当り色、音、空間、時間……が、究極的要素であり、これの所与連関こそがわれわれの探求すべきものである」という本文に付された注で、次のようにマッハは述べている。

「私は父の書斎で非常に早い時期に（十五歳位の時）、カントの『プロレゴーメナ』を手にしたのであったが、これを想う時、私はいつも、すこぶる運がよかったという感懐にうたれる。私はこの本を読んで、強烈な、抹しがたい感銘をうけた。その後哲学書を読んでこれ程の感銘をうけたことはない。それから二、三年たって、私は『物自体』が果たしているなくもがなの役割に突然気づいた。或る晴れた夏の日に――そのとき戸外にいたのだが――突如として、私の自我をも含めた世界は連関し合った感覚の一集団である、唯、自我においては一層強く連関し合っているだけだ、と思えた。本当の省察は後になってはじめて加えられたのであるが、この刹那は私のものの観方全体にとって決定的な瞬間となった。ともあれ、この新たにかちえられた見方を自分の専門領域においても固持できるようになるまでには、永く激しい苦闘を経なければならなかった。……」(20)

この注は、マッハがまだ少年の頃、カントの哲学を知ったことの証言としてよく引かれる。内容的にいえば、本文との関係からいっても、カントの「物自体」にみられる一面性をマッハが正しく克服したことを証言しているわけである。そしてそこに到達したのは、ヒュームの学説（それを知ったのはずっとあとのことである(21)）をとおしてではなく、晴れた夏の戸外での実際的体験をとおしてであることが語られている。

だがここで、ブロッホの流儀に従って、マッハの要素論の論述よりも、むしろこの体験のほうから出発してみてはどうか。晴れた夏の戸外での体験は、それだけを引けば、かりにジェームズが『宗教的経験の諸相』第十六、十七講「神秘主義」のなかで神秘主義的体験の例としてあげたとしても、だれも驚かないような内実をもっている。一体感の体験が神秘主義的であるが、それが突然（plötzlich）、突如（einmal）としてあらわれたのも神秘主義的である。

こうした自己の体験の回想的叙述について、私たち読者はその内容の真偽にかんして多少慎重に読まなければならないにしても、マッハ自身が自己の哲学説の基礎をこうした体験に置いていることは無視しえない。マッハの叙述に従えば、しかし、体験をそのまま呈示するのではなく、それに学問的検証を加えるなど「永く激しい苦闘」を経た上で、彼の学説（要素論）は形成されたのである。第一章にかぎってみても、神秘主義的傾向を予感させる言いまわしが他にもみられる。たとえば次のような文章があげられるであろう。

「そうすれば自我と世界、感覚ないしは現象と物との対立は脱落して、問題なのは、要素αβγ……ＡＢＣ……ＫＬ

M……の連関だけになる。」(22)

「しかしながら、一般的な意味での意識内容は、個人という枠を突破して、己れの母胎となった人格から独立に、――無論別の個々人と再び結びついて――より普遍的な、非人格的、超人格的な生存を続ける。」(23)

この引用箇所に見られる考え方は神秘主義的傾向を予感させるが、それはことば遣いにもあらわれている。脱落(wegfallen)、突破(durchbrechen)、非人格的、超人格的(unpersönlich, überpersönlich)がそうである。

マッハの反形而上学は、私たちの考えによれば神秘主義の伝統と相即しうるものであり、単純な反宗教的な合理主義、啓蒙主義ではない。それゆえ、「光明にみちた人生観(*verklärte* Lebensauffassung)」(24)といっても、それは皮肉がこめられているととるべきではなく、文字どおりこの語の宗教的ニュアンスをこめた意味で率直に用いているのであり、そういう言い方だってできるのだということである。そこに反宗教的なものはないと私は考える(25)。

マッハの『感覚の分析』第一章は、以上のように、科学史、狭義の認識論史の範囲内にとどまらず、一般思想史の流れのなかで捉えることができる。この面でこの章はきわだっているが、もっと不鮮明なかたちであれ、マッハの他の諸著作においても同様な読み方ができるはずである。

3　「感覚の分析」と「精神分析」――マッハとフロイト――

前節で、フロイトの『無気味なもの』におけるマッハへの言及についてふれたが、このふたりは相互にどのように対応するのであろうか。どこで接し、どこで分岐するのであろうか。たとえば次のようにいわれる。

「フロイトがほとんどマッハの著作を参照していないことは、まことに信じがたいことに思われる。マッハの『感覚の分析』Die Analyse der Empfindungen がはじめて出されたのは一八八六年、このころフロイトは、ブロイアーの影響をうけて、神経学から臨床的心理学へと転じつつあった。九〇年代中葉から一九一六年にマッハが死ぬときまで、フロイトとマッハとは同じヴィーンの町に住んでいたのだし、ついには大学の同僚ともなった。けれども、マッハがヴィーンにくるころまでに、フロイトの進路はすでに定められていた。かれはもはやその科学的要請を問題にしていなかったし、哲学からの示唆も求めようとはしていなかったのである。」(26)

フロイトがマッハの著作を多少なり読んでいたことはまちがいない。だが、ここにいわれているように、フロイトがマッハに積極的関心をもった形跡は乏しい。まして、マッハがフロイトに関心を抱いた形跡はほとんどない(27)。フロイトの業績が注目され出した頃は、マッハの進路は定められていたどころか、もう老境に達していた。それで、ヒューズのように、両者が文化的、社会的にひじょうに近いところにいたにもかかわらず、両者の接点を求めることに否定的となるのは、十分理由のあることである。

他方、このふたりを、なんらかのかたちで結びつけようとする努力もみられる。『無気味なもの』におけるように、後進のフロイトの、マッハへの言及はわずかながらみられる。また、フロイトの側から見れば、マッハは、意識せざるをえない大家、名士のひとりであったので、マッハへの言及の少なさは、むしろ意識的無視であるとする見方すら出てきうるであろう。したがって以下で、この間の事情を、マッハとフロイトの接点と分岐点を、明らかにしたい。

この点については、すでに精神医学者のトーマス・S・サスが、ひとつの基準となる見方を与えている。それは、『感覚の分析』のドーヴァー版英訳に付された序文である(28)。サスの序文は、神経・精神医学関係の雑誌に再録されるさいに「マッハと精神分析」と題されたが、主たるテーマはそこにある。アーネスト・ジョーンズの『フロイト伝』を見るかぎり、マッハとフロイトとのあいだには個人的接触はみられない。だが、たとえ個人的関係はなくとも、両者のあいだに、あるひじょうに重要な関係を見出しうるのではないか、とサスは考える。まず、両者をつなぐ人として、ヨーゼフ・ブロイアーをあげる。ブロイアーはマッハと同時期に、同じ平衡感覚の問題を追究して成果をあげた人であるが、フロイトと共著で『ヒステリー研究』を出した人でもある。ブロイアーを介して、ある知的な共同性をたしかに想定しうるであろう。

次にサスは、親友フリース宛のフロイトの書簡（一九〇〇年六月十二日付）を引用する。そこにマッハの名があげられている。サスによれば、それはほとんど唯一のフロイトのマッハへの意味深い言及である。その書簡の一部は次のようなものである。

「いつかこの家に次のように書いた大理石板が掲げられるようになるだろうということを君は信じますか？

一八九五年七月二十四日、この家において

ドクトル・ジークムント・フロイトに

夢の秘密が解き明かされた。

そうなる見込みは現在までのところ僅かです。しかし最近の心理学書（マッハ『感覚の分析』第二版、クレル『魂の構成』など）――これらすべては私の作品と同じような狙いをもっています――で夢に関してどんなことが言われているかと思って読んでみると、やっぱりぼくはあの童話の小人と同じように、『お姫さまは御存知ない』ことに嬉しくなってしまうのです。」(29)

ちなみに、この家というのは、ウィーン郊外にあるベルヴュ館である。

サスの論稿において、この書簡の解釈がマッハ―フロイト関係の解明のひとつの重要なポイントとなっているので、ここでサスの解釈をひととおり追ってみたいと思う。サスはこの手紙のなかに、マッハに対するある種の劣等コンプレックスを読み取っている。マッハは当時、ウィーン大学の教授であり、物理学者・哲学者として揺るぎない名声を確立していた。フロイトのほうは、社会的認知を得るために苦闘していた。具体的にはウィーン大学の教授職を得るために苦闘していた。そこで、彼の大著『夢判断』と、夢を主題にしたわけではなく、あまり関係あるとはいえないマッハの『感覚の分析』とを比較し、自著の独創性と価値を示そうとした。他方、しかしながら、フロイトはマッハの心理学的著作にある一般的な方法論的見地の影響を受けているという面があった。特に物理学(医学)と心理学との関係にかんする見地について、フロイトはマッハの見地を取り入れていたのであり、そのためにここでマッハに言及しているという面もあったのである。――以下で、このサスの解釈がふたつとも誤りであることを示したい。大筋ではヒューズの見解が正しいと私は考える。とはいえマッハとフロイトの接点はなかったわけではないのであり、その事情を、この手紙の解釈をとおして明らかにしたい。

フロイトの『夢判断』は一九〇〇年付になっているが、すでに前年末に出版された。フロイトはこの手紙を書いた当時、世評も気にはなったであろうが、大著を仕上げた充実感をおぼえ、しかし自己の理論のプライオリティーに多少の不安も感じていたであろう。そうしたところから、あるいは夢の秘密を扱っているかもしれない新刊書に気を配っていたにちがいない。ここでマッハ『感覚の分析』の「第二版」といっていることに注意しなければならない。マッハ『感覚の分析』第二版、クレル『魂の構成』もともに一九〇〇年に出た本である。『感覚の分析』第二版序文は一九〇〇年四月付となっているから、フロイトがこの手紙を書いたときは刊行まもない頃であったといってよい。フロイトの専門領域や交遊関係を考えると、一八八六年刊の『感覚の分析』初版に以前、あるていど眼をとおしていたと思われる。ただし、積極的関心をもったかどうかは疑わしい。それが、いま、増補されて再刊されたとき、フロイトはそこになにか心理学的な面で、特に夢にかんすることでなにかつけ加えられていないかと、早速手にしたのではなかろうか。第三版（一九〇二年）序文で、「意外なことに、第二版は数ケ月で払底してしまった」とマッハがいっているところから見て、この本は好評をもって迎えられていた。全般的にいえば、初版でもそうだったように、第二版でも夢について、あるいは精神分析的な問題について、格別立ち入って述べられてはいない。けれども、フロイトが、彼らが夢の秘密について知らないことに嬉しくなったというとき、その言い方は、夢について全然ふれられていないとか、夢についてまったく見当ちがいのことが書かれているということではないように思われる。むしろ、まだ気がついていない、夢の秘密の潜むあたりを徘徊しているのだがまだ気がついていないということのように受け取れる(30)。それでは『感覚の分析』のなかで、夢の扱いはどうなっているのであろうか。すでにフォイヤーが注目したように、マッハは「自分自身の無意識、夢、子供時代の観念連合」に対して、繊細な感受性をもっていた。そしてフォイヤーは、そうした事柄へのマッハの言及――その多くは『感覚の分析』からとられている――を引き、それに精神分析を適用したのであった(31)。『感覚の分析』におけるその種の叙述をフロイトは――少なくとも一九〇〇年のフロイトは――見落としたとは思われない。ただマッハはそうした感受性をもちながらも、夢を理論的に位置づけようとする関心は乏しかった。だが、まったくなかったわけではなく、わずかながらみられるし、そしてその箇所が、このフロイトの書簡を読み解く鍵になるように思われる。

フォイヤーが明らかにしたように、精神分析の対象となるような話がマッハにみられるし、特に『感覚の分析』に多くみられる。しかしマッハ自身は、そうしたかたちでは対象化していない。夢については、『感覚の分析』のなかで多少とも主題的に扱っているのは二箇所、第一章第五節と第十二章第六節である。だが前者の夢を扱った部分はすべて、第二版まではみられず、のちの追加である。後者の節は、最後の数行をのぞき、第二版にある。ただし、その半分は第二版による追加である。フロイトは特にこの箇所を、注意深く読んだと推定される。決定版（著者生前最後の第六版以降の版をかりにこう呼んでおく）で読むと、なぜ時間感覚を扱うこの章で、夢の問題を扱っているのかと、いぶかしく思われる。だが、それは初版を見ると明らかになる。この箇所はもともと第七節の最初の文への注であった。すなわち「時間感覚が、次第に増大する生体の燃耗……と結びついているとすれば、なぜ生理学的時間が物理学的時間と同様、不可逆的であって一方向にしか流れないのかということがわかる」という箇所への注であった。第二版でもまだ注のかたちをとっている。その後に、さらに書き加えられた上で、おそらくは体裁上の問題から独立の一節とされた。いま、フロイトの読んだ第二版のこの注の箇所全文を訳載しよう。

(一)「燃耗あるいは疲労素の累積とでもいったものが直接的に感覚されるとすれば、夢のなかでは時間が背進するものと予期しなければならなくなってしまう。――夢の特異性は、ほぼ全面的に、次の事実に還元することができよう。それは、感覚や表象のうちには、全然意識にのぼらないものもあるし、意識にのぼりにくかったり、ずっとあとになってから意識にのぼるものもある、ということである。連合が散漫なことは、夢の根本的特質の一つである。――知性は往々一部分だけ眠る。われわれは夢のなかで、とっくの昔に死んでいる人と仲々筋の通った話をするが、彼が死んだということは想い出さない。私は第三の人物について友人に話をする。しかもこの友人たるや話題にしている当の人物である。われわれは夢のなかで、夢について反省し、その特異性に徴してそれが夢だということを識ることもあるが、直きにまたその特異性を気にしなくなる。——私は水車についての生き生きとした夢をみたことがある。傾いた水路を通って、水車から水が流れ下っていた。そのすぐそばには前者と同じような水路があって、こっちでは水が水車の方へ流れ上っていた。私はこの矛盾した光景を全然気にかけなかった。——空間問題に没頭していた頃、森のなかを散歩している夢をみたことがある。ふと樹々の遠近法的移動がおかしいことに気付き、それで夢だということが判った。しかし直ちに、おかしかった移動がきちんとなった。——私は自分の実験室内に水を充たしたビーカーがあって、そのなかに蝋燭の光がともっている夢をみた。『蝋燭は一体どこから酸素を得ているのだろう？』と考えた。『水中に酸素が含まれているのだ』。『燃焼によって生ずるガスはどこへ行くのだろう？』すると水中で焔から泡が昇っていた。で、私は安心した。」

㈡「W・ロベルト（『夢について』ハンブルク、一八八六年）は、日中には邪魔がはいって結末までもっていけなかった知覚や思想があって、主としてこれが夢のなかで紡ぎ継がれるのだという出色な観察を行っている。実際、往々にして、夢の要素はその日の体験中にあったことである。現に水中の蝋燭の光の夢は、水中での電気炭素光の講義実験に、水車の夢は一〇四頁第一八図の装置を使っての実験に、それぞれ安んじて帰着せしめることができたのである。『熱学の諸原理』第二版、一九〇〇年、四四四頁も参照されたい。私の夢においては、幻視が主役を演じている。音韻性の夢をみることはずっと稀であるが、ともあれ、夢のなかでの会話や、鐘の音や、音楽やらがはっきり聞きとれる（ヴァラシェク「音楽的記憶」、『音楽学季報』一八九二年、二〇四頁、参照）。どの感覚も夢のなかに現われるのであって、極く稀だとはいえ、味覚でさえ、夢に現われる。夢では、反射興発性が非常に高まっており、他方では連合が散漫であるため良心が甚だ弱くなっている。そのため、夢のなかではありとあらゆる犯罪を犯すことができ、眼を醒ましてから呵責にさいなまれるといったことが起こるのである。こういう体験をしている当人は、不幸を第二の不幸で償うというこのわれとわが身を裁くやりかたが不当だとは思うのだが、意に叛いて、分別くさく、なさけ容赦なく、かつは厳として、この第二の不幸が累加されるのである。――私はここで是非とも、Ｍ・ド・マナセインのすぐれた著作を推奨しておきたい。Ｍ・ド・マナセイン『睡眠、その生理等々』ロンドン、一八九七年。」(32)

㈠、㈡と分けて引用したが、原文ではひと続きであり、㈠が初版以来の部分、㈡は第二版で書き加えられた部分である。

フォイヤーでなくとも、初版の注の最後に記された、水を充たしたビーカーのなかで燃えるロウソクの夢については、そこに性的象徴を読み取りたくなるであろう。しかし、これについてもマッハは、日中の体験にあったことに還元してゆくという物理学的方向をとっている。また感覚や表象には意識にのぼらなかったり、意識にのぼりにくかったりするものがあること、夢のなかでは連合が散漫になること、さらには「知覚や思想が夢のなかで紡ぎ継がれる」ということに気づきながらも、そのメカニズムを問おうとしない点でフロイトと分岐してしまう。第二版において、ついには良心の働き方の問題にまで注目する。が、結局、フロイトの夢解釈のような地点までは進まない(33)。

かくして、第二版においても、マッハは――フロイトの眼から見れば――夢の理論を明らかにすることはできなかった。また精神分析を理解することもできなかった。それゆえ、それに近づいている面があるものの、やっぱりわかっていないな、とフロイトは安堵したのである。劣等コンプレックスどころかフロイトは、優越感を率直に語っているのである(34)。

サスの提起したもうひとつのほうの問題はどうであろうか。フロイトはマッハの認識論的見地を取り入れたのであろうか。サスは、精神分析の物理学的基礎にかんして、取り入れていると言う。総体的に見れば、これは想定しにくいといわざるをえない。これについて、まず、次のようなフロイトの証言（一九一六年八月四日付ポパー＝リュンコイス宛書簡）を参照する必要がある。

「亡くなったあなたの友人マッハに対するあなたの素晴らしい羨ましくなるような評価は、私も『フォス新聞』の読者なのですでに拝見しておりました。私は残念ながら、より狭い私の視点からは彼に通じる道を見出すことができなかったので、心理的な事柄を扱う彼のやり方を非心理学的だと考えざるを得ませんでした。物理学者と心理学というのはなかなか反りが合わないものです。」[35]

先に見たように、マッハは夢に注目したにもかかわらず、それをもっぱら以前の経験（感覚ないし要素の連関）に求めるという「物理学的」見地を押し通しているのであり、その意味を探る「心理学的」方向を結局とらなかった。――フロイトのいおうとしたことは、その辺のことにかかわっていると思われる。

ところがサスは、精神分析の物理学的基盤についてマッハとフロイトの接点を見出している。どのような点についてであろうか。サスは『感覚の分析』から三点を引き出す[36]。

(a)心的なものと物理的なものとの完全な平行の原理。

(b)マッハ自身の心理学の理念は生理学的なものであるけれども、いわゆる「内観的」心理学を拒否するのは大きなまちがいであると彼が考えていること。

(c)心理学と物理学は相互に補いあうものである。

たしかにマッハも心理学の物理学的基盤を求めている面がある。しかしそれは、当時の実験心理学の成立期の大勢であり、そのなかでマッハがどのような独自性をもって自己の立場としているかがむしろ問われなければならない。そこでは、心理学を物理学に従属させるのではなく、要素一元論の立場に基づき、方法的同質化と領域的区別により、心理学の固有の位置を主張したことに、彼の独自性があったといってよいであろう。

これに対してフロイトはどうか。サスはフロイト『あるヒステリー患者の分析の断片』の後書を引用する。そこでフロイトは、彼の理論(ここではヒステリーの理論)はあまりにも心理学的だという非難に答えている。技法上はたしかに心理学的であるが、けっしてその器質的基盤を無視しているのではないといっている。「治療上の技法は純粋に心理学的である他はないが、理論は神経症の器質的な基盤を提示することをけっしてなおざりにしているわけではない」(37)といい、唯物論的といってもよい見方が呈示されている。なるほどフロイトは、その思想の革新性にもかかわらず認識論上は旧い型の唯物論的な経験主義に、あるいはサスの言い方によれば物理学主義にとどまっていたのかもしれない。サスはこうしたフロイトの態度を「弁明的態度」と呼んで否定的評価をくだす。しかし、たとえ技法上のこととしてであれ、事柄を「純粋に心理学的」に体系化したところにフロイトの意義があったことにかわりはないであろう。サスは、フロイト(およびブロイアー)がヘルムホルツ学派——彼らの師ブリュッケはこの学統である——に忠実であったことに注目している。おそらくそうであったのであろう。だがサスはさらに次のようにいっている。

「同様に、『ヘルムホルツの学派』(広義の)が受け継がれ強化されたのは、エルンスト・ブリュッケによってのみならず、マッハ自身にもよっていることを、思い出す必要がある。これらすべての研究者の思考に内在している精神物理的平行論は、なににもましてテオドール・フェヒナーの『精神物理学』に依拠していた。」(38)

はたしてそうであろうか。マッハはヘルムホルツを評価しているにもかかわらず(ヘルムホルツの評価については『感覚の分析』第十三章第二十一節参照)、認識論的次元では、彼とは明らかに異なった基盤に立とうとしていた。たとえば音響感覚問題について、ヘルムホルツのすぐれた業績は評価すべきものとしつつも、「ヘルムホルツは、心理学者、生理学者、物理学者に多くの仕事を課するこの課題を、主として物理学的な観点から打開すべきものと考えていた。彼はこの点でたしかに間違っていた」(39)とする立場をマッハはとっている。ヘルムホルツに対するこうした見方は、すでに世紀転換期には一般的になってきていた。他方フェヒナーがマッハやフロイトに影響を与えたのはまちがいない。しかし、研究領域上はヘルムホルツと重なりあう面が多いものの、フェヒナーの立場はヘルムホルツとその学派とは異質な面も多かったといわなければならない。

マッハも、またフロイトも、ヘルムホルツやフェヒナーの直接間接の影響下にあったことは事実である。そうしたなかで、それぞれの方法論を形成していった。そのなかで両者は分岐してゆくことにもなる。フロイトのほうは、心理的領域の独自のメカニズムを、そのものとして追究した。しかし、認識論的には旧来の図式を守っていた。自我についても、無意識の領域に積極的に拡大させてはいったが、自我の単位をマッハのように解体してゆくようなことはしていない(このことは先の『無気味なもの』のばあいにもいえる)。自我の産み出す夢、幻想、死の観念といった問題について、フロイトはそれらを、それらの展開のメカニズムを、追究していった。それに対してマッハは、それらに結局は本文に対する注の位置を与えるにとどまった。それらは経験の枠内に還元された。反形而上学的であるゆえんである。また自我という基準が暫定化されているから、フロイトのような自我を基準として展開される精神分析はマッハにとって受け入れ難かったであろう。――ここでマッハとフロイトははっきりと分岐してこざるをえない。この分岐にさいして、フロイトが心理学的であり、マッハが物理学的であるというフロイト自身の解釈は、十分に了解できる。だがそのばあい、マッハがフロイト的な心理現象に体験的に深くかかわっていたにもかかわらず、フロイト的な心理学――精神分析――に関与しなかった精神史的、思想史的背景が問われなければならない。つまり、自我という心的単位を相対化し、意識の「作用」を、心的「作用」を軽視ないし無視する傾向がある。したがって願望や願望充足、抑圧や検閲といった働きの理解にむかわない。フロイトのいう夢の「作業」を追究する姿勢を根本的にもたないのである。私たちの想定によれば、それは啓蒙主義的経験主義と西欧神秘主義の伝統が一体となったものである。

4　「マッハ哲学は存在しない」――マッハとブレンターノ――

「マッハ哲学は存在しない」というマッハ自身のことばは、私たちにマッハ「哲学」を問題にすることをためらわせる。しかしマッハの著作のなかに哲学的ななにかがあったことは確かであり、そのばあいは、さしあたりマッハ思想といっておくこともできよう。マッハ自身、『感覚の分析』でそうした主張をした箇所で、私の「根本思想（Grundgedanken）」が「哲学者たち」に理解してもらえるかどうか、といった言い方をしているので(40)、マッハの用語法にも反しない。さてこの「マッハ哲学は存在しない」という発言は、二十世紀における「哲学」を考える上で、ひとつの大きな問題提起となりうる。マッハ自身いかなる意味をこめて言ったのか。そしてそれとともに私たち自身がいかなる意味をそこに見出すかが問われているといえる。そこで、以下で、マッハのこの発言を解釈してゆきたい。

マッハはどのような場面でそのようにいったのであろうか。彼は『認識と誤謬』序文でまず次のようにいった。

「そもそもいかなるマッハ哲学も存在しないのであって、せいぜい自然科学的方法論と認識心理学があるだけであり、そして両者はすべての自然科学的理論と同じく、暫定的で不完全な試みである。」[41]

また自分は要するにただの自然科学者であるのだということも強調される。この箇所は、直接にはヘーニヒスヴァルト『マッハ哲学の批判のために』[42]に触発されていわれた。『感覚の分析』第十五章第七―八節（このあたりの箇所はもちろん第三版以降の追加箇所である）でも、これにふれている。そこでは次のようにもいわれている。

「ヘーニヒスヴァルトは、いくつかのかなり一般的な観点の言表から直ちに閉じた哲学体系を読みとるのだが、ここにおいて、彼は、自然科学者が慎重に試みる漸近法をまったく看過してしまっている。」[43]

ヘーニヒスヴァルトの著書は新カント派的立場からのマッハ批判の嚆矢をなす。マッハを支持するハンス・ヘニングは一九一五年に、マッハの「認識論」に対するカント主義的傾向の「無数の」「無価値な」学位論文が出ていることを概嘆している[44]。そうした事情にかんがみれば、マッハがその方向の出現にいち早く反発し、みずからの立場を明示したことは賢明だったともいえる。

だが、マッハの発言がヘーニヒスヴァルトの著書に触発されたことはまちがいないにしても、そのことを重視しすぎるのは誤りであろう。『感覚の分析』第四版序文（一九〇二年）にも、すでに同趣旨の立場が強調されている。マッハの発言の意味を、新カント派的認識論との対質だけで考えるのではなく、それまでのマッハの思想の歩みのなかで考えてゆくことも必要である。マッハが哲学者としてではなく、ひとりの自然科学者として思想形成してきたのは事実であるが、前述の思いは、他との関係で、特に哲学者たちとの関係でじょじょに強められてきたと見るのが妥当ではあるまいか。『感覚の分析』のなかでも次のようにいわれていた（この箇所は一八八六年の初版以来のものである）。

「私は哲学者という称号を需めない。私は唯、あらゆる学問が結局は一総体をなすべき以上、ほかの学問の領域を見遣ったとたんに棄て去ることを要するといったことのない〈普遍的な〉立場を、物理学において採り入れることを希うのみである。」(45)

ここで前述のものと同様の立場が表明されていること、とはいえ、もっと穏やかなかたちで表明されていることに注意する必要がある。すなわち、前述のマッハの立場は一貫してはいるが、じょじょに強められ、また頑なにもなってきたというのが私の見方である。そして、そうなっていった背景として、より正統的な立場に立つ哲学者たちへの対応を考えなければならないであろう。マッハは次のように述懐している。

「個々の点で承認されるところがなかったわけではないが、特に私の最初の頃の諸著作が物理学者によっても哲学者によってもしごく冷淡に、否定的に受け取られたのもまったく当然であった。実際、私は前世紀の八〇年代に至るまで、ひとり流れに逆らって泳いでいる感じがした。その後はもう久しくそうしたことはなくなっているが。」(46)

このような孤立を経たあと、盟友もみつかってきたとして、アヴェナリウスらの名を彼はあげている。ウィーン大学招聘は、いわばマッハの哲学者としての認知を意味するわけであるが、そのときにはもう、哲学に対する前述の姿勢は固まってしまっていたと思われる。それでは、その過程でマッハの対質せざるをえなかったのは、どのような哲学派であったのであろうか。ここで私は、ブレンターノとその学派をあげたい。世紀末のウィーンないしオーストリア＝ハンガリー帝国における哲学として、マッハ哲学をあげることは、その内実に即して見るならば、特に異論はない。しかし、より形式的に前世紀の最後の四半世紀をとってみたばあい、この地に勢力をもったのはむしろブレンターノ派であったことも忘れてはならない。フッサールが聴講して感銘を受け、フロイトも聴講したことのあるのは、マッハと同年齢の哲学者ブレンターノの講義である。一八七四―八〇年に正教授として、しかし、結婚問題のために正教授を辞してその後は私講師としてであるが、一八九五年までウィーン大学にとどまり、学生たちに感化を及ぼした。のみならず、学派としても勢力をもつことになった。ずっとのちになって、カスティルは『フランツ・ブレンターノの哲学』（一九五一年）のなかで、当時のこの派の輝かしい姿を誇らしげに次のように記している。

「［オーストリア＝ハンガリー帝国］政府はこの学科の貴重な代表者［ブレンターノ］のためにさらに配慮のゆきとどくようにし、そしてこの新進のウィーン大学正教授に信頼のほどを示すために次のこともおこなった。すなわち政府は、矢つぎばやに彼の弟子マルティとシュトゥンプを、前者をまず新設のチェルノヴィッツ大学へ、次いで両者をともにプラハ大学へ招聘した。引き続いてマイノングをグラーツ大学へ、マサリクをプラハ大学へ、トヴァルドフスキーをレンベルク大学へ、ヒレブラントをインスブルック大学へ招聘した。」(47)

それゆえマッハのいたプラハ大学にもシュトゥンプ(一八七九―八四年)やマルティ(一八八〇年以降)がいた。そして特にマルティの影響力にもよって、ブレンターノがウィーンを去って以降――ときを同じくしてマッハはウィーンへ移るわけであるが――プラハはこの派の中心地とされるに至る。マッハは、哲学面では、そうしたブレンターノ派に囲まれていたともいえるのである。

それではブレンターノ派のマッハへの批判点はどこに求められるであろうか。これについてブレンターノ自身はほとんど書き遺していないが、この学派の人々の叙述から見当をつけることができる。

(a)まず要素論による感覚主義に非難がなげかけられる。マルティは、マッハがウィーンに去ったあとの彼宛書簡(一八九六年四月三日付)[48]のなかで、「学問的交流を旧のまま保持すべく」マッハの論稿に対する批判を書きつづっている。感覚と感覚されたものは同一だとするマッハの主張をマルティは認めない。この区別は存在する。たとえばある色を見るばあい、この見るというのは「あるものについての意識」であり、あるものを対象とする。それはちょうど願望したり期待するばあい、願望と願望されるもの、期待と期待されるものがあるのと同様である。感覚と感覚されるものが分かち難く相関しているとするのもまちがいである。分かち難く相関しているのは、たとえば見ることと見られた色であって、見ることと色ではない。またマルティは感覚の過程を合法則的に理解するには、現実感覚のなかだけでは不可能であることをミルのばあいを引きつつ論ずる。感覚されないもの、直接経験されないものも考慮に入れざるをえない。マッハは物理学者のいう物体なども思想上の記号(Gedankensymbol)だとする。だがそうしたものを虚構だとする必要は必ずしもないのである。

(b)思惟経済説についてはどうであろうか。フッサール『論理学研究』第一巻において、マッハの思惟経済説は論理学と認識論の「生物学的基礎づけ」であり、結局は「心理学主義に合流する」ものであるとされる。思惟経済説自体はひじょうに実りゆたかなものであるが、それを基礎とするならば「真の論理学と認識論」を、また「心理学」を破滅させることになるとフッサールは考える。すなわち「心理学および特に純粋論理学と認識論の基礎づけに対しては、その原理がなんらの寄与もなしえない」とする立場から、マッハの思惟経済説を検討し、批判している(49)。

(c)最後に哲学に対する態度があげられよう。ブレンターノはアリストテレス哲学研究を踏まえた、正統的ともいえる哲学観を保持していた。マッハと同じく自然科学的方法を重視するとはいえ、キリスト教的神学的伝統をも十分に踏まえていた。こうした立場からマッハの「哲学」に対して、当然、非難のことばがなげかけられるであろう。カスティルはニーチェと並べてマッハをあげ、哲学の伝統を貶めるものとして批判する。マッハ流の哲学は、哲学を科学の代用品に貶めるものである(50)。

ブレンターノ自身も時代によってその主張を変えているであろうし、ましてブレンターノ派といってもそのなかに様々な差異がみられるであろう。しかし、以上により、ひとまずマッハへのブレンターノ派の批判の傾向をうかがうことができるであろう。

立場の相違は不本意な心理的葛藤をもたらすこともある。一八八五年にプラハ大学でアヴェナリウスを教授に推挙する提議がなされたが(これにマッハがなんらかの支援をしたことは十分に考えられる)、招聘は実現しなかった。このことについて、アヴェナリウスは、ウィーンでブレンターノが反対の側にまわって画策したのではないかと疑っている(51)。ところが、一八九五年にマッハがウィーンに招聘されたときは、ブレンターノが結局、正教授に戻れず、失意のもとオーストリアを去るのと時期的に重なった(52)。マッハは、ブレンターノがウィーン大学私講師を辞しオーストリアを去ったこと、そしてこのこととマッハ招聘とを関連づけて見ている人のいることを知り、ブレンターノ宛に、無念の意を伝えている(53)。その後マッハとブレンターノのあいだに多少の私的な交流があったことが、遺されている書簡から知られる。そこで注意しておくべきものがあるとすれば、ブレンターノの『感官心理学探究』(一九〇七年)(54)がマッハの『感覚の分析』での考えについてふれており、それをめぐって両者のあいだに意見の交換がなされたことである(55)。論点は色と音にかんする問題にあった。両者の基本的哲学的立場の相違をひとまず措き、こうした科学的個別的問題は、両者が忌憚なく議論できる領域であったであろう。

マッハとブレンターノ派とのかかわりは以上のようなものである。こうした関係のうちに、けっして「哲学」に関心がなかったわけではないマッハの、「マッハ哲学は存在しない」という発言を引き出したひとつの大きな要因を見ることができるように思われる。

ブレンターノ自身のマッハ「哲学」への態度は、右に略述されたことから、予想される。ブレンターノはマッハにふれた講義もしたことがあったようである(56)。とはいえ文献上では明確なかたちでは遺されていないブレンターノのマッハ哲学への評価を、私たちの側から推定することはできないであろうか。最後にこの点について検討したい。手がかりになるのは、ブレンターノの一八九四年の講演『哲学の四段階とその現状』(一八九五年刊)(57)である。ここには、独特の西洋哲学史把握が示されているが、それは、ブレンターノによれば、二十年以上にわたり、みずからの哲学史講義の基礎としたものである。それゆえ、思いつきや暫定的提案といったものではなく、考えつくされたブレンターノの哲学史把握だといえるわけである。ブレンターノによれば哲学の歴史は科学(学問)的努力の歴史であり、したがって他の科学の歴史と類似しているが、芸術の歴史とも類似している。すなわち、他の科学では、途中停滞することはあっても、たえず前進するのに対し、哲学には芸術と同じく、発展期とともに堕落期がある。そこにはある種の法則性がみられる。そしてブレンターノは、古代、中世、近世（ヘーゲル哲学の崩壊まで）の三時代のそれぞれにおいて、四つの段階が区別されるという。つまりその三時代はある類型的展開をくり返してきたのである。

第一段階は上昇の過程のすべてをおおうものであり、哲学の端緒とされる「驚き」に導かれ、純理論的関心が支配する段階である。自然に即した（naturgemäß）方法が形成され、それにより探求が深められる。第二段階はすでに下降の第一期であり、科学（学問）的関心の弱体化、模造化が進み、理論的動機よりも実践的動機が優勢になる。その哲学には力と深さが欠けるが、その代りに、より広範な人々に広まる。とはいえ、それは本来の科学（学問）的エネルギーの喪失の代償となるものではない。第三段階は下降の第二期であり、非科学（学問）的となった哲学はその信用を喪失し、懐疑が広くゆきわたる。悟性には認識の能力が否認されるか、あるいはわずかな部分にだけ認められるにすぎない。第四段階は下降の第三期である。懐疑は結局、人間の欲求を満足させるものではない。懐疑によって妨害された真理への欲求があらたな道を拓く。しかし、第一段階とはちがって、不自然な認識方法、原理を編み出す。それは、直観力とか神秘的高揚をこととし、それにより真理を所有しようとする。そうして、すべてを知ったと思いこむのだが、実はなにも知らないのである。

この四段階説の特徴は、第一段階に上昇のすべてを置き、残りの三段階をみな下降期にふりあてていることであろう。

古代において第一段階に配されるのは、イオニアの自然哲学に発し、アリストテレスにおいて頂点に達する上昇段階である。第二段階にはストア派とエピクロス派、第三段階には新アカデミア派とピュロン派、それに折衷派が配される。第四段階に配されるのは、とりわけプロティノスの新プラトン派である。古代哲学の堕落の三段階区分は、すでにプロティノスを論じた『どんな哲学者が往々にして時代を画するか』（一八七六年）(58)においてすでにみられる。それに上昇期を加えた四段階説は、たしかに長いあいだ彼の哲学史把握の基礎となっていたのであろう。この四段階説は、第一義的にはこの古代の哲学史区分の図式であったのではないかと思われるほど、この時代によくあてはまっている。中世においては、第一段階にトマス・アクィナスが、第二段階にドゥンス・スコトゥスが配される。今日、否定的な意味でいわれるスコラ哲学の元兇をドゥンス・スコトゥスに見ている。第三段階としてはオッカムらの唯名論があげられる。第四段階としてはエックハルトらの神秘主義者の名をまずあげるが、それと並んで、哲学的思弁をこらすルルスとクサヌスをあげている。近世においては、第一段階としてまずベーコンとデカルトがあげられ、続いてロックとライプニッツの名があげられる。第二段階には、フランス啓蒙主義とドイツ啓蒙主義、第三段階にはヒューム、第四段階にはカント、そしてフィヒテ、シェリングを経てヘーゲルがあげられる。

以上のような図式に対して、当然、疑問もわいてくる。古代においては、図式はよく対応している。だが中世において、なぜ第四段階においてエックハルトらよりも、哲学的思弁の立場のルルスやクサヌスに重きを置くのであろうか。第四段階に神秘主義の性格づけを与えている以上、プロティノスにつながる西欧神秘主義のまぎれもない継受者エックハルトらを中心にすえるのが当然だったように思われる。もっともブレンターノはエックハルトらを哲学の枠からはずれたものと見、哲学史の枠内で考えてゆこうとしたのかもしれない。しかし、近世の第四段階にカントを配していることについては、疑問もましてくる。カント哲学もまた様々な貌をもつとはいえ、神秘主義的伝統と関連づけることは、私たちの哲学史の常識に著しく反する。それゆえ、ブレンターノは一方で相応の論拠を出すようにつとめており、他方で近世の第四段階にあっては、神秘主義的性格づけをあまり前面には出していない。カントについては、そのアプリオリな総合判断の基礎づけへのブレンターノの批判があげられるであろう(59)。また、第三段階の懐疑主義への批判、あるいはブレンターノ的言い方をすれば、それへの反動の契機はたしかにカントにある。さらにカントを受け継ぐドイツ観念論の系譜のなかには神秘主義的底流もあらわれてくる。それに対しては、カントにもなにがしかの責任があろう。近世の第四段階へのブレンターノの批判の厳しさを見るとき、この哲学の堕落形態への批判が起点となって四段階把握にむかったという証言も説得性をもつ(60)。ブレンターノの哲学批判の根本には、十九世紀哲学、とりわけドイツ観念論の伝統とそれのいわゆる超克者たち、さらにはこの世紀の反哲学的傾向一般との対決がある。

ここでふたたび本題に戻りたい。ブレンターノの哲学史観にふれたのは、結局、マッハの「哲学」は、ブレンターノ的観点から見れば、この第四段階に位置するものだったと推定されるからである。アリストテレスの伝統に深く根ざしつつ、さらにデカルト以来の意識の立場に基づいた哲学の本質に、マッハの「哲学」は反する。科学の方法と成果を踏まえるというブレンターノとマッハの共通の基盤も、両者の溝を埋めることはできない。両者のあいだに直接的な論争はなかったが、ブレンターノの側でマッハをそう見るとすれば、逆にマッハの側ではそうした哲学の伝統に格別こだわる気はないから、そういうことなら「マッハ哲学は存在しない」といって甘んずることができたのである。そのばあいマッハ哲学は存在しなくとも、哲学一般は存在するのであろうか。その問題は、おそらくはマッハの積極的関心の外にあったであろう。

もちろん、哲学の否定ないし止揚の契機は、もともとマッハの思想のうちに内在していたことも確かである。端的には、反形而上学ということばでそれは示される。この契機も含めて、私はマッハ思想のうちに神秘主義の徴候を読み取った。この視点からふたたびブレンターノの四段階説を顧みると、どのようなことがいえるであろうか。マッハを第四段階に組み入れることは、ブレンターノの考える近世の第四段階の広がりからいって、まず問題はない。しかし、ここでさらに一歩進めて、ブレンターノの古代哲学期の図式化において明確に示された、第四段階の神秘主義的性格づけに立ち戻ることができるように思われる。すなわち、マッハに神秘主義が内在しているとすれば、ブレンターノ派が予想していた以上に、マッハはこの第四段階に位置づけられることになる。そのことによって、ブレンターノ派とマッハの立脚点の相違がより歴然としてくるであろう。

ブレンターノは、『哲学の四段階とその現状』の最後のほうで、ともすれば厭世的な方向に傾きがちな思想界にあって、偉大な哲学者たちにみられる——第一段階の上昇期の哲学者たちにみられる——楽天的傾向を想起しながら、「澄明な楽天主義(geläuterter Optimismus)」[61]を説いている。そして次のようにもいう。

「宗教の本質とみなされていた儀礼的法則はすべてとれてしまい、そして見よ、真の本質が保存され、純化され、光明にみちて現れたのである。」[62]

こうした境地は、マッハのいった「光明にみちた世界観」と案外に近いところにあると見ることができるのではなかろうか。それはフェルマンのいった意味で、両者にその時代の刻印が捺されているということでもあろう。とはいえ、それの意識の仕方において、それにむかう姿勢において、両者には大きな隔たりがあった。ブレンターノの枠組みでいえば、ブレンターノは第一段階を理想としたのに対し、マッハは第四段階に傾いていたからである。ただしマッハの側から見れば、それは堕落の最後の段階というのではなく、むしろ、哲学の諸段階を止揚するものであったともいえるであろう。

注

(1) J. Thiele, "Ernst Mach-Bibliographie", in *Centaurus*, vol.8, 1963, pp.189-237.

（2）広松渉『相対性理論の哲学』日本ブリタニカ、一九八一年、改訂版、勁草書房、一九八六年、参照。

（3）本書第4章「マッハ哲学の一源泉」。

（4）F. Fellmann, *Phänomenologie und Expressionismus*, 1982. フェルマン『現象学と表現主義』木田訳、岩波書店、一九八四年。

（5）フェルマン、邦訳八二頁。

（6）Cf. A. Janik & S. Toulmin, *Wittgenstein's Vienna*, 1973, "Preface". トゥールミン／ジャニク『ウィトゲンシュタインのウィーン』藤村訳、TBSブリタニカ、一九七八年、「まえがき」。

（7）"Selbstporträt ohne Spiegel", in E.Bloch, *Gesamtausgabe*, Bd.9, 1965. ブロッホ『異化』片岡・種村・船戸訳、現代思潮社、一九七一年、船戸・守山・藤川・宗宮訳、白水社、一九八六年。

（8）本書第4章「マッハ哲学の一源泉」、参照。

（9）E. Mach, *Die Analyse der Empfindungen und das Verhältnis des Physischen zum Psychischen*, 9. Aufl., 1922, S.26. マッハ『感覚の分析』須藤・広松訳、法政大学出版局、一九七一年、二四頁。

（10）本書第4章「マッハ哲学の一源泉」、参照。

（11）E. Mach, *op.cit.*, S.16. 邦訳三〇頁以下。傍点は引用者。

（12）Cf. W. M. Johnston, *The Austrian Mind. An Intellectual and Social History 1848-1938*, 1972, pp.279f. ジョンストン『ウィーン精神・2』井上・岩切・林部訳、みすず書房、一九八六年、四八〇頁。

「ライプニッツの思想の楽天主義的な面からユートピアの夢を紡いだ人もいる。生まれはドイツだが、一八四九年から一八七五年までプラハ大学の哲学教授だったヘルマン・フォン・レオンハルディ男爵（一八〇九―一八七五）である。かれはテューリンゲンの幻視家カール・クリスティアン・フリードリヒ・クラウゼ（一七八一―一八三二）の弟子となり、さらに女婿となった。クラウゼはヤン・コメニウスの汎知学を復活させ、後に『万有内在神論（Panentheismus）』という語をつくった人であるが、この人の汎世界主義を受け継いだのがレオンハルディである。かれは、人間はみな、互いに他の人間の一部を共有しているのだと説いた。……」

(13) E. Mach, *op.cit.*, S.16. 邦訳三一頁。傍点は引用者。
(14) H. Dingler, *Die Grundgedanken der Machschen Philosophie*, 1924, S.106.
(15) ポルピュリオス『プロティノスの一生と彼の著作の順序について』水地訳、『プロティノス・ポルピュリオス・プロクロス』(世界の名著)中央公論社、一九七六年、八九頁。
(16) E. Mach, *op.cit.*, S.3. 邦訳二九頁。
(17) "Das Unheimliche", in *Gesammelte Werke von Sigm. Freud*, Bd.12, 1947. フロイト「無気味なもの」高橋訳、『フロイト著作集・3』人文書院、一九六九年。
(18) *Ibid.*, S.263n. 邦訳三五三頁。
(19) Cf. *ibid.*, S.237, etc. 邦訳三三四頁他。
(20) E. Mach, *op.cit.*, S.24n. 邦訳三二頁。
(21) E. Mach, "Die Leitgedanken meiner naturwissenschaftlichen Erkenntnislehre und ihre Aufnahme durch die Zeitgenossen", in *Physikalische Zeitschrift*, XI, 1910, S.604n.
(22) E. Mach, *Die Analyse der Empfindungen und das Verhältnis des Physischen zum Psychischen*, 9. Aufl. 1922, S.11. 邦訳一二頁以下。
(23) *Ibid.*, S.19f. 邦訳一九頁以下。
(24) *Ibid.*, S.20. 邦訳二〇頁。
(25)『感覚の分析』邦訳訳註三二一頁以下、参照。
(26) H. S. Hughes, *Consciousness and Society*, 1958. ヒューズ『意識と社会』生松・荒川訳、みすず書房、一九七〇年、七四頁。
(27) わずかに『熱学の諸原理』のなかで、ブロイアーとともにフロイトの名があげられているていどである。E.Mach, *Die Principien der Wärmelehre*, 1896, S.442n. マッハ『熱学の諸原理』高田訳、東海大学出版会、一九七八年、四五三頁。
(28) T. S. Szasz, "Introduction to Dover Edition", in E. Mach, *The Analysis of Sensations and the Relation of the Physical to the Psychical*, 1959. 次のものは、この序文をほぼそのまま再録したものである。T. S. Szasz, "Mach and Psychoanalysis", in *The Journal of*

Nervous and Mental Disease, vol.130, 1960, pp.6-15.

(29) Sigmund Freud, *Briefe an Wilhelm Fließ 1887-1904 Ungekürzte Ausgabe*, hrsg. von J. M. Masson, 1986, S.459, によった。*Sigmund Freud, Briefe 1873-1939*, ausgewählt und hrsg. von E. & L. Freud, 1968, S.254.『フロイト著作集・8』生松他訳、人文書院、一九七四年、二四九頁、にもこの手紙が収録されているものの、理由はわからないが、「これらすべては私の作品と同じような狙いをもっています」の部分が欠落している。

(30) フロイトのいう「童話」とは、どういう童話を指すのであろうか。私の調べえたかぎりでは、グリム童話の「ルンペルシュティルツヒェン(がたがたの竹馬こぞう)」ではないかと思われる。それは次のようなものである。粉屋の娘は小人のルンペルシュティルツヒェンに助けられて、二度も藁を金の糸につむぐことができ、王様の命令を果たすことができた。王様はそれでもまだ満足せず、三たび、娘にさらに多くの藁を金の糸につむぐことを命じた。そしてそれを果たしたなら、お妃に迎えようといった。困っている娘に対してルンペルシュティルツヒェンはまた助力を申し出たが、そのさいに、お妃になって最初に産まれた赤ん坊をくれるようにと条件をつけた。今度も王様の命令どおりにゆき、娘はお妃となり、一年ののちには玉のような赤ん坊が産まれた。昔の約束などすっかり忘れてしまったお妃のもとにルンペルシュティルツヒェンは赤ん坊を貰いにくる。驚いたお妃は王国のすべての富と引きかえに約束を反古にしてくれるように頼む。ルンペルシュティルツヒェンは聞き入れない。お妃の悲嘆にくれる様を見て、ルンペルシュティルツヒェンは三日の猶予をつけ、もしそのあいだに自分の名前がわかったなら、赤ん坊はそのままにしておこうという。お妃は八方尽くして名前を知ろうとするが、わからない。とうとう三日めになったとき、使いのものがとある森のはずれで小人が次のように歌うのを聞いたと知らせる。

「きょうはパンやき、あしたは、とうじ(酒つくり)、
あさっては引っつぁらう、きさきの小わっぱ(小児)、
やんれ、うれしや、おれの名が、がたがたの竹馬こぞうとぬかすのを、
どいつもこいつも知り申さぬ。」

これにより、お妃は首尾よく小人の名前を言いあてることができた。*Fünfzig Kinder-und Hausmärchen*, gesammelt durch die

Brüder Grimm, Universal=Bibliothek, o.J., S.185-188.『グリム童話』金田訳、岩波文庫、第二分冊、一九七九年、一七六―一八二頁。

（31）Cf. L. S. Feuer, *Einstein and the Generations of Science*, 1974. フォイヤー『アインシュタインと科学革命――世代論的・社会心理学的アプローチ――』村上・成定・大谷訳、文化放送、一九七七年。また、本書第4章「マッハ哲学の一源泉」、参照。

（32）E. Mach, *Die Analyse der Empfindungen und das Verhältnis des Physischen zum Psychischen*, 2. Aufl. 1900, S.163nf.

Cf. E. Mach, *Beiträge zur Analyse der Empfindungen*, 1886, S.108nf.

E. Mach, *Die Analyse der Empfindungen und das Verhältnis des Pysischen zum Psychischen*, 9. Aufl. 1922, S.207f. 邦訳二〇七頁以下。

（33）なお、第十二章第五節でも時間感覚との関係で夢に言及しているが、特に深く追究していない。また、第十章第四節では夢についてではなく幻想（Phantasma）についてであるが、考察している。ここでも、神経興発との関連が考えられているにとどまる。Cf. E. Mach, *Die Analyse der Empfindungen und das Verhältnis des Physischen zum Psychischen*. 9. Aufl., 1922, S.206, S.165ff. 邦訳二〇六頁以下、一六六頁以下。

（34）ブラックモアも、マッハとフロイトの関係を扱っている。そしてマッハのフロイトへの影響を推定している。そのさい、彼はこのフリース宛の書簡を根拠として引いているが、無理であり、引用の仕方も不適切である。ブラックモアの推定は、以上の私の立論により、論駁される。Cf. J. Blackmore, *Ernst Mach. His Life, Work and Influence*, 1972, pp.71f.

（35）E. & L. Freud (Hrsg.), *op.cit.*, S.330. 邦訳三三一頁以下。

（36）T. S. Szasz, *op.cit.*, pp.xixf.

（37）"Bruchstück einer Hysterie-Analyse", in *Gesammelte Werke von Sigm. Freud*, Bd.5, 1942, S.276.「あるヒステリー患者の分析の断片」細木・飯田訳、『フロイト著作集・5』人文書院、一九六九年、三五九頁。

（38）T. S. Szasz, *op.cit.*, p.xxi.

（39）E. Mach, *Die Analyse der Empfindungen und das Verhältnis des Physischen zum Psychischen*, 9. Aufl., 1922, S.250. 邦訳二四五頁以

下。

（40）*Ibid.*, S.300. 邦訳三〇〇頁。

（41）E. Mach, *Erkenntnis und Irrtum,* 5.Aufl. 1926, S.VIIn.

（42）R. Hönigswald, *Zur Kritik der Machschen Philosophie. Eine erkenntnistheoretische Studie,* 1903.

（43）E. Mach, *Die Analyse der Empfindungen und das Verhältnis des Physischen zum Psychischen,* 9. Aufl., 1922, S.300. 邦訳三〇〇頁。

（44）H. Henning, *Ernst Mach als Philosoph, Physiker und Psycholog,* 1915, S.VI. また本書第7章「ローベルト・ムージルの学位論文――『マッハ学説の判定への寄与』の検討――」、参照。

（45）E. Mach, *op.cit.,* S.24. 邦訳三三頁。

（46）E. Mach, "Die Leitgedanken meiner naturwissenschaftlichen Erkenntnislehre und ihre Aufnahme durch die Zeitgenossen", in *Physikalische Zeitschrift,* XI, 1910, S.600.

（47）A. Kastil, *Die Philosophie Franz Brentanos. Eine Einführung in seine Lehre,* 1951, S.14.

（48）J. Thiele, *Wissenschaftliche Kommunikation. Die Korrespondenz Ernst Machs,* 1978, S.137ff.

（49）E. Husserl, *Logische Untersuchungen* I, 4. Aufl., 1928, Kap.9, §52. フッサール『論理学研究・I』立松訳、みすず書房、一九六八年、第九章第五十二節。

（50）A. Kastil, *op.cit.,* S.25f.

（51）アヴェナリウスの一八九五年六月二十八日付マッハ宛書簡。J. Thiele, *op.cit.,* S.74.

（52）ブレンターノの伝記については、前記カスティルのもの、および、小倉貞秀『ブレンターノの哲学』以文社、一九八六年、を参考にした。

（53）マッハの一八九五年五月十四日付ブレンターノ宛書簡。J. Blackmore & K.Hentschel (Hrsg.), *Ernst Mach als Aussenseiter,* 1985, S.23.

（54）F. Brentano, *Untersuchungen zur Sinnespsychologie,* 1907. zweite, durchgesehene und aus dem Nachlaß erweiterte Auflage, 1979.

（55）ブレンターノの一九〇八年三月二十一日付マッハ宛書簡、参照。J. Thiele, *op.cit.*, S.78ff.
（56）ヘラーの引用している、マッハのブレンターノ宛書簡、参照。K. D. Heller, *Ernst Mach. Wegbereiter der modernen Physik,* 1964., S.157.
（57）"Die vier Phasen der Philosophie und ihr augenblicklicher Stand", in F. Brentano, *Die vier Phasen der Philosophie und ihr augenblicklicher Stand,* 1926, 2.Aufl., 1968.
（58）"Was für ein Philosoph manchmal Epoche macht", in *ibid.*
（59）これについては、次の文献でふれられている。細谷恒夫『認識現象学序説』岩波書店、一九三六年、所収の「ブレンターノの見たカント」
（60）小倉、前掲書、一二頁以下、参照。
（61）F. Brentano, *op.cit.,* S.31.
（62）*Ibid,* S.32.

欧語文献の引用にあたって、邦訳のあるものについては原則としてそのまま採用したが、必要に応じて多少改訳したところもある。

資料の収集にあたっては、次の二著に教えられるところが多かった。

J. Blackmore, *Ernst Mach. His Life, Work and Influence,* 1972.

F. Stadler, *Vom Positivismus zur "Wissenschaftlichen Weltauffassung". Am Beispiel der Wirkungsgeschichte von Ernst Mach in Österreich von 1895 bis 1934,* 1982.

第6章　エルンスト・マッハと回転運動の問題

1　序

マッハの哲学（ないしは認識論）は彼の科学研究と密接にかかわっていた。そして彼の科学研究は物理学と感覚生理学にまたがっていた。それぞれに対応して、『力学史』（一八八三年）と『感覚の分析』（一八八六年）を主著としてあげることができる。両著を通じてマッハの基礎的立場と方法が闡明され、そしてマッハの思想もこの二著によって広く知られるようになっていった。したがってこの二著作の重要性はいうまでもないが、彼の思想形成を考えるとき、それらの前段階をなす小著に注目しないわけにはいかない。

『力学史』の先駆をなすのは『仕事保存の原理の歴史と根源』（一八七二年）である。ここにすでに彼の歴史的批判的方法がはっきりと示されており、また力学的世界観批判の立場が出ている。それでは『感覚の分析』の先駆をなすのは何か。私は『運動感覚論綱要』（一八七五年）をここに位置づけている。ただしこのばあい、『力学史』に対する『歴史と根源』の位置ほど自明ではない。『感覚の分析』では視覚の問題が大きな場所をとっており、『綱要』の発展したものが『感覚の分析』であるとはいいにくい。にもかかわらず、それは『感覚の分析』の視点確立に重要な意味をもっていたように思われる。あるいはむしろ、彼の感覚生理学的研究一般、それにかかわる彼の思想形成にとって重要な意味をもったと考えられる。『歴史と根源』は、それほど読まれたようにはみえないにしても、ずっとのちのことであるが第二版も出て(一九〇九年)、英訳もされた(一九一一年)。それに対し、『綱要』は内容的にかなり特殊なところに定位しており、そのため後年あまり顧みられることはなかった。

私はこの『綱要』の検討が、「マッハ哲学」の理解に資するであろうと考え、すでにその内容を検討した(1)。しかしそれのもつ意味については、そこにおける「感覚」の問題の位相が、また感覚生理学的研究が、マッハ哲学に対してもちうる意義について多少の示唆を与えるにとどまった。その後さらに『綱要』のもつ意味を考えてゆくなかで、そこで解明されている運動感覚はとりわけ「回転運動」感覚であることに注目するに至った。他方、マッハの物理学の方面においても「回転運動」が興味あるかたちで論じられている。『力学史』のなかのニュートン批判においてである。マッハのばあい、もともとは物理学専攻でありながら、感覚生理学に深くかかわった。この両科学の接点にマッハの独自の思考も生まれる余地があったということは、私もかねて主張してきたところである。これを「回転運動」問題をとおして多少とも具体的に見てゆくことが、本章の課題である。まず『綱要』において、物理学的思考を生かして感覚生理学的問題に解明を与えたマッハの仕事が確認される。次に、そうした知見が『力学史』において、彼の物理学観に生かされている可能性を探る。さて、物理学と感覚生理学の両方にわたって成果をあげた人として、すでにヘルムホルツがおり、両科学にわたっていることだけからマッハの独自性の由来を明らかにしえないのは、もちろんである。そこにはマッハの独特の観方が、「哲学」が潜在していたと想定しなくてはならない。最後にこの点にふれるつもりである。

2　回転運動の感覚生理学

内耳三半規管は平衡感覚ないし運動感覚をつかさどる器官であるとし、そのメカニズムを解明するという科学的探究は、マッハ、ブロイアー（ウィーンの医師）、クラム・ブラウン（エジンバラの化学者）の三人によって相互に独立になされ、一八七三年末から七四年初めにかけて相次いで発表された。マッハは『ウィーン科学アカデミー報告集』に七三年十一月六日付で最初の報告「人の平衡感覚についての物理学的研究」を発表するが、ブロイアーはこれを知り、予定を一週間ほど早めて十一月十四日付で『ウィーン帝立＝王立医学会報告集』に「内耳迷路の半規管について」という題で発表するという経過もあった。マッハの報告の要旨が、発見の要点を端的に述べているので、その概要をつかむのに便利である。以下に引用する。

「マッハは自分自身に対して試みた数多くの実験から、次の結論を引き出している。内耳迷路の三半規管膨大部の神経が、（通常、半規管の中身の回転モーメントによって加えられる）あらゆる刺激に回転感覚をもって反応すると想定することにより、フルラーンスの回転現象、平衡と運動の方向確認、通常の回転性めまいの現象、ゴルツの現象、いくつかの視覚的運動現象を単一の視点から把握することができる。」（『綱要』九七頁に引用）[2]

問題の背景の一方には内耳の機構の問題がある[3]。ヘルムホルツ『音響感覚論』（一八六三年）までに聴覚器官として内耳の機構はほぼ解明されたと考えられた。しかしマッハはそこにまだ探究すべきものがあると考えた。そのさい、これまでの聴覚機構としてはなんの積極的機能も与えられていない三半規管の役割に目をむけることが予想される。他方には日常起こるある種の状態、すなわち昇降機に乗ったとき、飛び込み台から水面に至るまでに生ずる経験、あるいは船酔いとかめまいの発生メカニズムの問題がある。研究史的にたどればふたつのテーマは以前からからみあっていたものの、必ずしも自覚されていなかった。

マッハらの仕事の系譜をたどるとき、半世紀前のプルキニェとフルラーンスに遡ることができ、彼らにおいてすでに基本的な事実は出そろっているといえる。両者ともに生理学的であるといえるが、どちらかというと前者は感覚生理学的でありまた人間の自己観察に依拠し、後者は解剖学的であり、動物実験に依拠しているといえる。プルキニェはすでに一八二〇年に研究を発表し始めており、それは自己観察に基づいためまいにかんするものである。また彼は回転運動によって起こる眼振にすでに気づいていた。また頭の位置による眼振の変化にも気づいていた。もっとも彼は前庭器の機能には思い至っておらず、めまいの仕組みについては脳に及ぼす遠心力によるものとした。他方フルラーンスは少し遅れて一八二四年にハトの実験を発表している。彼はハトの三半規管を破壊して、そのことは聴覚能力に影響を及ぼさないが奇異な頭の動きを誘発することを観察した。首の振り子運動をしたり、進もうとしても動きが乱れひっくり返ったり、同じところをぐるぐる回ったりする。これとともに眼球運動が起こることも確認している。またウサギについても同様の結果を得た。しかしそのメカニズムの解明には至らなかった。その解明に大きな一歩を踏み出したのはゴルツであり、それはもう一八七〇年のことである。彼自身のことばを引けば、次のようなものである。

「三半規管が聴覚器官であるかどうかは未解決である。とはいえそれは、平衡の維持に役だつ装置を形成している。それはいわば、頭の、間接的には全身体の平衡のための感覚器官である。」（『綱要』四五頁に引用）

これはマッハらの見解の直接的前提となるものである。

ゴルツに至るまでのあいだでひとつ注目しなければならないのは、メニエールによる臨床的知見である。メニエールは耳鳴りをともなう難聴、嘔吐、めまい、回転運動を研究し、その原因として半規管における滲出液を示した。こうした現象は動物においても観察された。いわゆるメニエール病の記述である。

すでに見たように、三半規管を破壊された動物は平衡感覚を失うのが認められる。それではいったい、三半規管はどのような構造をもつか見てみると、まず外面的には前後、左右、上下の三つの方向に湾曲した管をなしておりそれが一箇所で集っている。そして管内部にリンパ液が流れている。その動きを生体のまま観察することは不可能であるが、部分的破壊の試みなどをとおして推定することはできる。それによればたとえば左または右に回転するとそれにつられて水平面にある半規管内のリンパ液はじょじょに回転し始める。身体の回転が止まり、したがって管が止まってもリンパ液は急には止まらず、暫時動き続ける。そのずれの知覚より運動感覚(回転感覚)が生ずる。そのずれは管内部のどこでも感じうるわけだが、それを主として担うのは膨大部の内側から突起しているクプラ(小帽)である。あとの二つの半規管が残る二方向の回転を感覚する。回転していても等速度回転であると管と内部リンパの動きが最後は同じになってしまう。両者のずれによって感覚が生ずるのであるから、感覚は特に回転の始まりと終りに感じられる。より厳密にいえば回転の角加速度を感覚するのだといえる。

以上が基本であるが、さらにふたつのことをつけ加えておくべきであろう。上記から推察されるように、三半規管は運動感覚器官であるといっても主として回転運動感覚にかかわる。直進運動も多少は感覚される可能性もなしとしないが、もっとはっきりと感覚しうる部位がありはしないか。そこで突き止められたことは卵形嚢、球形嚢中にある耳小石がそれぞれ水平直進運動、垂直直進運動の加速度を感覚する器官であり、また重力の方向を感知する器官だということである。もうひとつは眼球運動との連繋である。眼球運動(眼振)は左右の回転方向にむかって起こる。すなわち眼球は急相と緩相により往復運動をするが、その急相は回転の方向に同じである。このような眼振の規則性が確定された。

マッハ、ブロイアー、クラム・ブラウンは以上のような発見をしたのであるが、三人のあいだでは多少見解の相違、ないし力点の相違がある。眼振機構解明についてはブロイアーがすぐれているようである。クラム・ブラウンは左右の三半規管の相互の働きの質を仔細に検討している。マッハは物理学者として物理的側面の解明に重点を置いており、平衡感覚を運動感覚として捉え直し、そのさいの運動感覚というのは正確にいえば加速度感覚であることを明らかにしている。

三人の成果が出そろったところで、相互の成果の異同の調整がなされることになろう。また得られた知見を比較解剖学的に検討することが興味あるテーマとなる。そして魚やザリガニで試みられることになった。三半規管や内耳諸器官に電流を通す実験はすでに始まっているが、それを推し進め一定の成果をあげる道が残されている。三半規管の興発と眼振との関係はすでに現象的に確認されたわけであるが、その反射機構を生理学的に確定する課題もあったはずである。彼ら三人は、それぞれ物理学者、医者、化学者として知られており、内耳器官の研究は余技といってもよいものであるが、その後も関心を持続しており、九〇年代まで当該問題にかんする論文をそれぞれ発表しているのが文献的に確かめられる(4)。

＊　＊　＊

科学史的に見たばあい、内耳研究の伝統が旧オーストリア帝国のなかにみられるように思われる。ヴォダクは『前庭器官研究小史』冒頭において、前庭器官研究が耳科学一般とともに中欧に発するものであることを強調している。初期の段階でフルラーンス、シオン、メニエールなどフランスの研究も忘れることができないけれども、ウィーン周辺でその基礎がすえられたといっている。まずチェコ出身のプルキニェがあり、マッハ、ブロイアーがあり、そして内耳前庭器の温度眼振による診断法を開発したバラニー（一九一四年度ノーベル賞受賞）、さらに内耳聴覚機構を解明したハンガリー出身のフォン・ベケシー（一九六一年ノーベル賞受賞）を加えることもできよう。そこには研究上の人脈といった社会学的背景もあったかもしれないが、さらにその基底にはクーンの指摘するような十九世紀に始まる思想的徴候を読み取ることができるかもしれない(5)。

マッハがどのていどプルキニェやフルラーンスに学び、また彼らの実験を追試したか、またどのていど独自の実験を構想し実行したかをいま確かめることはできないが、マッハの方向性と思想世界を把握することが当面の課題であるから、その辺の区別にそれほどこだわる必要はない。そこで『綱要』をもとにして見ると、次のようなマッハの関心の方向が読み取れる。実験の対象は動物と人間の両方にわたっている。動物としてはハトやウサギが取り上げられており、それを解剖学的生理学的よりは、物理学的力学的装置のなかに置いて、その対応・反応を観察するといった方法が主要な方法となる。たとえば回転板の上に載せ、板をゆっくり回し始めると、ハトはどのように対応するか、また速い回転板からおろした直後にどのようなめまいの症状を呈するかといったことが調べられる。また回転に対する体位の関係を見るために、ウサギの体の各部分を木枠でなんとおりかに固定して比較する試みもしている。さて、人間のばあいはみずから体験してその感覚を確認し、さらにそれを報告することができる。動物のばあいは、私たちの側からは通常、平衡感覚の喪失による歩行の困難などから推測するぐらいしかできない。ここでしかし、先にふれた眼振（ニュスタグムス）という現象が強力な手助けとなる。回転運動により、眼は眼振といわれる左右への特異な規則性をもつ往復運動を起こす。これは当の動物ないし人間の感覚様態と併行しており、その感覚様態の徴表となる。人間のばあいはその体験の報告可能性のために、ずっと微妙な実験をおこなうことができる。種々の運動感覚の実験が試みられる。直進運動についても試みられるが、回転運動のほうが興味を引く。回転する木枠のなかにさらに回転する木枠をすえ、そこに人間を置くといった手のこんだ装置による実験も試みられる。

マッハがこのような探究をしてゆくにあたって、彼の哲学ないし認識論的方向性といったものがそこに作用していたのはまちがいない。外部からの身体への刺激、神経をとおっての脳への伝達、それにより感覚が生ずるといった、単純な唯物論的図式では見逃されがちなものを、すなわち運動感覚をつかさどる独自な器官を突き止めてゆく彼の方向に、それを読み取ることができる。

そうした彼の哲学ないし方向性は、以上の探究を独自の空間論へと発展させることにもなった。彼の空間論の特色のひとつに、現実の空間を非ユークリッド的に構想する観方がある。それは計測的空間に対して生理的空間を復権させることによって切り拓かれた。すなわち感覚生理的な視覚像が非ユークリッド的であることがひとつの手がかりとなった。これには網膜のメカニズムに対する彼の年来の探究が生かされている。だが、これと並んで、あるいはこれ以上に彼の空間論を支えていたのは、『綱要』で述べられているような運動感覚論であったことはまちがいない。彼自身、このことを『感覚の分析』第七章「空間感覚の立入った研究」で強調している(6)。『力学史』における空間論も、この運動感覚論を媒介にしての空間論がかなりのていど基盤になっていたと思われる。次に物理学的力学的問題に移ろう。

3　回転運動の物理学

回転運動は古来、様々なかたちで表象された。たとえばインド思想にも見られるように、輪の回転は、宇宙の真理を啓示するものでもあった。技術に近いところでは、車輪の回転が重要であろう。それは乗り物、運搬の用を果たす。また晩年のマッハが『文化と力学』で取り上げているような、ねじの回転や、発火の手段としての錐や棒の回転もこれに含めてよいかもしれない。

近代物理学においてはしかしながら、なんといっても天体の回転、太陽を中心とした惑星の回転、それに付随して惑星の自転や惑星を中心とした衛星の回転をあげなければならない。それはニュートンの『プリンキピア（自然哲学の数学的原理）』にひとつの集大成を見ることができる。ニュートンの体系は、のちにエンゲルスから「ニュートンは神の最初の衝撃の要請により神学と折り合いをつけた」(7)などと皮肉られる。つまり、天体の運動を無時間的に固定的に捉えており、その原因を問われたら、神の「最初の衝撃」、換言すれば創造や奇跡の類を想定せざるをえないというのである。その点ニュートン以前にデカルトが『世界論』や『哲学原理』後半で展開している、渦動理論による宇宙生成論のほうが回転運動論との関係でも興味がもてる面もなしとしない。とはいえ、理論的に見るなら、「渦動仮説は多くの困難に圧しひしがれている」（『プリンキピア』中の「一般的注解」冒頭、五六〇頁）(8)。近代物理学ないし天文学における回転運動問題は、むしろニュートン力学においてよりよく捉えられるのではなかろうか。

ニュートンの『プリンキピア』において、いわゆるニュートン力学が体系的に提示されている。当時、天体運動の理論的解明が最大の課題のひとつであったため、ここでも回転運動（円運動）が大きな位置を占めている。そしてさらには、回転運動の問題が、ニュートン力学のアキレス腱にもなりうるのであるが、まずはニュートン力学一般の問題から入っていきたい。ただし、マッハの『力学史』の視点を借りて見てゆくことにする。このなかでのニュートン力学の批判は、マッハの思想のひとつの核をなしている。

『力学史』は、ふたつの枠組みから構成されていると見ることができる。まず「静力学」と「動力学」との区別であり、それによって第一章「静力学の原理の発達」と第二章「動力学の原理の発達」という章分けがなされる。それとともにマッハは科学の歴史的発展について、次のような三つの段階を構想する。「観察の時代」、「演繹の時代」、「形式的発展の時代」である（『力学史』四―一―一）(9)。そして第一章、第二章が力学における観察の時代、あるいは観察をとおしての原理確立の時代に比定される。そして力学における演繹の時代の叙述として第三章「力学の原理の応用とその演繹的発展」、形式的発展の時代の叙述として第四章「力学の形式的発展」が置かれる。さらに全体を補足するものとして第五章「力学と他の科学の関係」が加えられる。そしてニュートン力学の叙述と検討は、全体の中間に頂点として位置しているといえる。あるいはマッハのニュートン観自体がこの書の構成の背景となっているとすらいえそうである。

『力学史』で最もひんぱんにあげられている名はニュートンであり、全編にわたっている。節の題名にも表れており、第二章の第三、六、七節、第三章の第一節がそうである。内容に即してみても、第二章の後半から第三章冒頭にかけてがニュートンにあてられているといえる（別の話題にかかわっている第二章第九、十節は初版にはなく、あとで加えられたものである）。それではマッハのニュートン観ないしはニュートン力学の位置づけはどのようなものであろうか。それは次のふたつの引用より、その輪郭をつかむことができるであろう。

「ニュートンは力学に関して二様の大功を立てた。一つは、万有引力の発見によって力学の視野を大いに広めたこと、もう一つは、今日採用されている力学法則の定式を完成させたことである。ニュートン以後、本質的に新しい原理が発表されたことはない。彼以後、力学においてなされたことは、ことごとく、ニュートンの諸法則を基礎とした力学の演繹的形式的数学的発展である。」（『力学史』二―三―一）

「ニュートンの法則さえあれば、静力学の問題にしろ動力学の問題にしろ実際にあらわれるあらゆる力学上の問題を見抜くのに十分であって、別に新しい法則を付け加える必要はない。そのときたとえ困難が生ずるとしても、それはすべて数学上（形式上）の困難であって、決して原理的なものではない。」（『力学史』三―一―一）

そして『力学史』の構成がこの見方に基づいているわけである。

この書の序論冒頭で力学を「質量の運動と平衡（die Bewegung und das Gleichgewicht der Massen）」を研究する物理学の分科としている。物体の平衡を研究するのが静力学であり、第一章で扱われる。物体の運動を研究するのは、「あくまで近代科学である」（『力学史』二―一―一）動力学であり、第二章で扱われる。先の引用にも示されているように、ニュートンの法則はこの両方をおおっている。換言すれば、ニュートンは両方を包含する力学を完成したのである。そしてその後にあるのは演繹的形式的発展である。マッハはそれを第三、四章で叙述しているのだが、その標題でもいわれている演繹的発展と形式的発展の区別が必ずしも判然としない。マッハによれば、こうした区分は相互にはっきり区別できず共存することもあるが、「総体的にみればこの区別は間違えようがないほど明確である」（『力学史』四―一―一）とされる。彼は要素論的模写を前者に、経済的模写を後者に比定しているようである。要素論と経済説が相補的関係にあるため問題は残るものの、興味ある見方ではある。とはいえ、この点についてマッハはそれほど明確にしていない。（『力学史』四―一―一、また、序の五〜六も参照。）

さて、こうした位置にあるニュートンの力学をマッハはどのように理解し、どのように批判するのであろうか。彼はニュートンの業績として、次の四点をあげている（『力学史』二―三―五）。

㈠力の概念の一般化
㈡「質量」概念の提唱
㈢力の平行四辺形の法則の明確で一般的な定式化

㈣作用反作用相等の法則の提唱

㈠については、力を加速度を決定するものとして理解したことが評価される。そうして運動現象をありのままに記述することをめざしている。㈡については、物体の運動を規定する標識として、重さとは異なるひとつの量、すなわち「質量」を認識したことにその功績がある。けれどもこの質量の規定については成功していないとマッハはいう。ニュートンは質量を体積と密度の積とするのであるが、密度は単位体積あたりの質量と規定せざるをえず、循環してしまうからである。㈢の力の平行四辺形の法則、あるいは力の合成法則は、すでにステヴィンによって発見されており、マッハも本書第一章第三節においてすでに叙述している。けれども力の合成法則を明確に定式化したのはニュートンである、とマッハは見る。最後に㈣の作用反作用の法則であるが、この作用反作用相等の法則、あるいは圧反圧相等の法則の明確な一般的定式化が、力学の原理についてのニュートンの業績のなかでいちばん重要なものであろうとマッハはいう。特にこれが相互作用を規定する法則である点をマッハは評価する。作用反作用の法則については、さらに節をあらため第四節「作用反作用の法則の詳論と具体例」において散文的ながら解説している。

以上、概観した上でいよいよニュートン批判にむかう。まず第五節として取り上げられるのは、作用反作用の法則と質量概念についてである。質量概念については、先の循環を回避し、物体相互の関係により次のように定義される。

「質量が等しい物体とは、それらが相互作用するとき、大きさが等しく方向が反対の加速度を与えあうような物体を言う。」（『力学史』二—五—三）

また、

「比較用の物体Aがある物体の作用によって得る加速度が、その物体がAの反作用によって得る加速度のm倍であるとき、その物体の質量はAの質量を1としてmであると言う。」(同右)

さて、このような質量概念を力学の根底にすえれば、作用反作用の法則もこれに解消される。マッハは次のように述べる。

「上述のような方法で質量概念を得ると、作用反作用の法則を特別とりたてて述べる必要がなくなる。すなわち、以前にも注意したように、質量概念と、作用反作用の法則において、同一の事実を二度にわたって定式化していたことになる。よけいな事をしていたことになる。」(『力学史』二―五―五)

マッハの力学論にあって、質量概念の検討が彼の若い時期からの重要な論点であった。すでに一八六八年の小論「質量の定義について」で示されており、そしてこの小論は『歴史と根源』に採録された。いまあらためてここで提出され、そうした質量概念が力学原理の体系構成を変革するものであることが明らかにされる。この質量概念と並んで、時間・空間論がもうひとつの重要な論点であったように思われる。続く第六節「ニュートンの空間・時間・運動」においてそれが論じられる。『プリンキピア』において本論を始めるに先だって、「定義」と「公理、または運動の法則」のふたつの節が置かれている。「定義」において、力学の基本的概念について八つの定義をしたあと、「注解」という箇所を設け、時間、空間、位置、運動について解説している。マッハはこの箇所を、引用を重ねながら検討している。

続く第七節「ニュートン力学の包括的批判」において以上を総括する。先にあげた『プリンキピア』中の「定義」、「公理、または運動の法則」における基本的定式を引用し、それにコメントするというかたちをとっている。まず「定義」の節における八つの定義を引用した上でコメントし、さらに「公理、または運動の法則」中の三つの法則を引用し、コメントしている。基本的視点は上述のようなものであるのでここでは立ち入らない。その上でマッハは、自分の視点より、一五項から成る経験法則および定義に定式化し直している（『力学史』二―七―五）。このようにしてひとまずニュートンを締め括ったあと、あらためてガリレイやホイヘンスらにも遡りながら、第八節の表題にもあるように「動力学の発展を回顧」して終る。かくして力学は原理的に完成し、その後に続くのは演繹的形式的発展であり、それが第三、四章で扱われることになる。以上がマッハのいわゆるニュートン批判であり、またそれを機軸とする彼の『力学史』の叙述上の頂点である。

＊　＊　＊

さて、ここであらためて空間と運動の問題を取り上げてみたい。マッハの空間論は、その後の物理学の展開にとって重要であるが[10]、私たちの問題である回転運動にとって大きな意味をもってくる。ニュートンは『力学史』の叙述の頂点をなしているにしても、マッハはそこを『プリンキピア』からの異例なほどの引用で埋めている。ただし、長い引用箇所は限定されていて、すでにふれた、最初の「定義」と「公理、または運動の法則」、また第三篇のなかの「哲学することの諸規則」である。それも最後の「諸規則」は注で引用されているので、基本的には先の二つの節にかかわる。ニュートン力学の基礎にある八つの定義、三つの法則、およびそれぞれに直接かかわる部分を引用し解説するのは当然ともいえよう。

問題は、「定義」の節のなかで「注解」の項の占める位置である。この「注解」をニュートンは次のように始める。これに先だつ定義においては（物質量、運動量、固有力、外力、向心力などの）あまり知られていないことばを定義したが、「時間、空間、位置、運動」についてはみながよく知っているので、定義しなかった。ただ感覚的にのみ捉えていては困るので、ここで「それらの量を、絶対的なものと相対的なものに、真のものと見かけ上のものに、数学的なものと日常的なものに、区別するのが適当であろう」（『プリンキピア』六五頁）。そしてまず、その絶対時間、絶対空間、位置、絶対運動の四点について概説し、そのあとふたたび、絶対時間、絶対空間について補足し、そうした上で絶対運動と相対運動について詳説する。あるいは、空間と位置の問題は運動の問題に含めて考えている、といえよう。そしてこの運動問題が、「注解」の三分の二を占めている。マッハ『力学史』におけるこの辺の叙述は、『プリンキピア』にほぼそっている。第二章第六節は「ニュートンの空間・時間・運動」と題しているが、実際には、プリンキピアの叙述順序と同じく「時間」から始めている。そしてニュートンの絶対時間の考えを検討し、批判する。次に「空間と運動」について検討するが、最初、空間、位置、運動について簡単にふれたあとは、「注解」のあとの三分の二における絶対運動と相対運動の問題の検討である。

まず『プリンキピア』の議論を見てみよう。ニュートンの基本的視点は、たとえば次のようなことばで示されている。

「そういうわけで、全体的かつ絶対的な運動は、不動の場所による以外には決定されえません。それゆえわたくしは先に、絶対運動を不動の場所に関連させ、相対運動は動きうる場所に関係させたのでした。そして不動の場所は、無限遠から無限遠まで、すべてが与えられた位置をたがいに保っているもの以外にはありません。そしていつも動かぬように保持され、わたくしが不動と呼ぶところの空間を構成します。」（『プリンキピア』六八―六九頁）

ニュートンは恒星天を不動の空間として予想しつつ、それを基準に絶対的な運動を考えているのであろう。しかし、そうした空間を想定する根拠は薄弱であるし、また物体相互間の相対運動を規定することで満足しうるのではないか、という意見も出てくるであろう。しかしニュートンの叙述で特徴的なのは、ここで円運動（回転運動）の例をもちだすことである。長いひもに容器（水桶）をつるし、ひもを何回も回して捩じらせておく。そのなかに水を入れ、放すと逆向きに回り始める。容器の運動はしだいに水に伝わり、やがて水もともに回転し出し、それとともに遠心力で縁の水が盛り上がってくる。そして容器に対して水が静止したとき、水には最大の遠心力が働くことになる。つまり、容器に対して水が円運動しているときには遠心力は生ぜず、次に水が容器に対して静止したときに遠心力が生ずるということになる。ニュートンによれば、いまいった円運動は見かけのものにすぎない。最初、水は静止していたのであり、そのあと真の円運動が生じていったのである。

たしかに円運動は、一種微妙な位相にあるように思われる。何に対しての、あるいは何を基準にしての円運動かという問題である。そしてニュートンは水を入れた容器の例により、その正当性を主張する。では、マッハはどう対処するのであろうか。マッハによれば、右の事例は絶対空間や絶対運動を裏づけるものではない。「それらは経験の中に決してあらわれることのない単なる空想の産物である。」（『力学史』二—六—四）そして回転する水を入れた容器の事例が示すのは次のことである。「水桶の壁に対する水の相対回転は目に見える程の遠心力をひきおこさないが、地球ほどの質量や残りの天体に対する相対回転は目に見える遠心力をひきおこす。」（『力学史』二—六—五）つまり、遠心力もまた質量にかかわる引力として理解される。そして相対的回転運動においても遠心力が生ずると解釈できる、とマッハは考える。つまり、いま水桶は静止していて、水桶を取り巻く宇宙のほうが回転し出したら、遠心力により縁の水はしだいに盛り上がる。実験可能なレベルでは、次のようなことがいえる。「水桶の壁をどんどん厚くし質量を大きくしてゆき、ついに数キロメートルもの厚さにしたとするなら、この実験が定量的にしろ定性的にしろどうなるか、誰も何もいえない」（同右）。なお、このように遠心力の根拠となる慣性は、その物体の質量と宇宙の質量との相互作用によって規定されるとする説は、のちにマッハの原理と呼ばれ、力学や宇宙論の興味深い論点となってきた。並進運動の相対性だけではなく、回転運動の相対性という常識を覆すような観念がマッハの批判力を強力に支えていたように思われる。

4　回転運動の哲学

以上、回転運動の感覚生理学と物理学をそれぞれ見た。そして、それをとおしてそれらをつなぐものを予想したが、マッハの著作でいえば、その問題は『綱要』と『力学史』の連関の問題といってもよい。『歴史と根源』から『力学史』への展開は内容的にいって自然であり、両者の連関についてはすでに注目されてきた。それに対し『綱要』から『力学史』への展開はこれまで取り上げられることはなかった。もちろん『綱要』は基本的には『感覚の分析』へと展開されたと見るのが順当ではあるけれども、『綱要』と『力学史』とのいわば交叉的連関を見ることによって、マッハの思想的世界の一端が浮かび上がってくるように思われる。すでに回転運動をめぐって示唆したとおりであるが、ここで外形的な点で二点補足しておきたい。

マッハは『綱要』において、当の問題に物理学的角度からアプローチすることにみずからの本領を見ている。そして本文冒頭に「力学の基本法則」という一章を配し、「重心保存則」と「面積保存則」の解説などをしている。この章の叙述のかなりの部分は『力学史』の第三章第三節「運動量保存、重心保存、面積保存の各法則」にそのまま取り入れられており、そのなかの三つの図版はそのまま採録されている。

もう一点興味を引くのは、「平衡」と「運動」ということである。マッハは『綱要』にまとめられる仕事について、最初は平衡感覚として捉え、雑誌論文題名にもそれを使っていたのが、その後『綱要』に至っては、運動感覚として定式化し直している。三半規管のメカニズムを考えるならば、この捉え直しは適切である。それは基本的には運動覚器であり、その働きをとおしていわば間接的に平衡の維持に寄与しているといえるからである。その後の解明によれば、平衡覚器そのものとしては、耳小石がこれに比定されることにもなる。他方『力学史』において、力学を、「質量の運動と平衡」を研究する物理学の分科と規定していることが思いあわされる。そして平衡のほうが静力学、運動のほうが動力学である。『力学史』の叙述において、静力学から動力学へという図式が同書の叙述の基本的図式のひとつとなっている。マッハの感覚生理学的研究にあって、期せずしてこの図式をたどったことになり、偶然的といえるかもしれないが、興味深い符合といえる。

＊　＊　＊

さて、研究の新機軸を打ち出すにはその背景となる哲学的方向性がありうるように思われるが、この場面でのマッハのなかにもそうした哲学的方向性があったと考えたい。それには通常の一般的認識論の次元とともに、より特殊的なレヴェルへ深めてゆく必要があるように思われる。それらのものが相俟って、認識論的転換が現実化してゆくというべきであろう(11)。回転運動問題もまた、その重要なひとつである。マッハには回転運動に対するポジティヴな姿勢があるように思われる。すでに見たように、ニュートンの『プリンキピア』においても回転運動が大きな位置を占めているということができる。特に絶対運動の論拠に使った水桶の実験は興味を引く。それでニュートンもまた回転運動にあるていどポジティヴにかかわったといってもよさそうであるが、しかし私たちの視点からすれば、ニュートンの回転運動はいわば静的な回転運動である。マッハが批判しているようにそれは絶対空間のなかでの回転運動であり、ましてや観察者自身が回転するというような視点は出てこない。こうした動的な回転運動に対して近世ヨーロッパ哲学の主流はほぼ一貫してネガティヴな姿勢をとってきたように思われる。この点についていくつかの資料を示すことができる。たとえばライプニッツは『モナドロジー』のなかで次のようにいう。

「……ただいくらたくさんあっても、微小な表象ばかりで、きわだった表象がないときは、頭がぼんやりしている。たとえば、おなじ方向に何度もつづけてぐるぐるまわると、目がくらみ、気が遠くなって、ものを見わけることがすこしもできなくなってしまう。死のまぎわ、動物はしばらくのあいだこのような状態におちいることがある。」(12)

ライプニッツの立場から見るならば、回転運動は「きわだった表象」を損なうものであり、その意味で反理性的状態を産み出す。人間に求められるべき理性的在り方に反するものである。そしてさらに死のまぎわの動物が、ぐるぐる回り出す、あるいはそれと同等の状態に陥るというときにも、回転運動が理性からの離反であることが暗示されていると見ることができよう。

カントについてもその先験的な立場から似たような態度か想定される。カントが『純粋理性批判』第二版序文で次のようにいわゆる「コペルニクス的転回」を語るとき、その喩えに興味が引かれる。

「……この事情は、コペルニクスの最初の思想と同じものであって、コペルニクスは、全星群が観察者のまわりを回転すると想定したのでは、天体の運動をうまく説明することができなかったので、観察者を回転させ、これに反

して星を静止させたならもっとうまくゆかないかどうかを、こころみたのである。」(13)

「観察者を回転させる」とカントはいう。けれども彼の説くのは、実際には考え方の転回ということであり、「われわれがこの地上的立場とその遠近法を自由に選ぶ」ということであり、「知るを欲する地上の観察者が理性的主体として、自らを越えて思惟し、かくして自分自身をも、また自分のもつ直観の制約をも認識できる卓越した立場を、思考上取りうるようになる」ということである(14)。それゆえ、カントについて私たちの関心からすればむしろ、次のようなエピソード的な叙述を引くほうがよい。『人間学』で「感覚能力の阻止、弱化および全面的な喪失について」語っているところでカントは次のようにいっている。

「失神とは、めまい（多くの異質の感覚の交替が、急速にぐるぐる廻ってくり返し、自制力をのり超えてしまうようなもの）の後につづいて起こるのをつねとするもので、死の前奏曲である。……」(15)

また睡眠を死から隔離するものとしての夢について述べたところで、次のようにいっている。

「そういえば私自身も非常によく覚えているのだが、私が小児のころ遊びに疲れて就寝すると、寝入りばなに、まるで水の中に落ち込んで沈みかけ、ぐるぐる廻転させられたかのような夢をみて、すぐ目をさましはしたが、まもなく再び一層安らかにすやすやと眠り込んだものである。」(16)

さらに第二九節（注）、第七三―七九節「情動について」への総注において「めまい」や「船酔い」について語っている。第二九節（注）に対応する話はヤッハマンの『カントの生涯』にも引かれている（ただしそこではそうした場面で示したカントの「沈着と冷静」（17）を物語るものとして）が、それはカントにとってひじょうに強迫的なものであって人にも好んで語ったからであろう。なおこのふたつの事例における「めまい」も回転性のめまいであった可能性が強い。カントがある時期（回転性の）めまいに脅かされたことは、第一にはカントの「体質」の問題であったというべきであろうが、しかしそうした事実、ならびにそれへの「沈着と冷静」による対応に、哲学的含意を読み取ることができるのではないだろうか。先のライプニッツにつながり、さらにそれを生理的な次元に敷衍するような内容をもっている。

ニーチェは哲学史的に位置づければ近世哲学の批判者ということになろうが、この回転とめまいにかんするかぎり、ライプニッツとカントの系譜に連なるものである。ニーチェは『ツァラトゥストラ』のなかで、ひとつの舞踏論を展開しているが、そこでツァラトゥストラをして、人間を拘束し抑えつける「重力の魔」から私たちを解放する舞踏を称揚せしめている。「重力の魔」からの離脱は一方で「鳥の生き方」（第三部「重力の魔」）への憧憬となり、他方で舞踏の賛美としてあらわれる。ニーチェには「大地に忠実であれ」（第一部「ツァラトゥストラの序説――超人と「おしまいの人間」たち」）と説く方向があるので、舞踏のほうがその両方向性を実現する、ニーチェの指向により適ったもののようにみえる。だがそのニーチェも毒ぐもタランテラの舞踏については、これを退けている。タランテラの舞踏は回転（drehen）の舞踏である。それは魂までも回転させてしまう。それゆえツァラトゥストラは次のように叫ぶ。

「だが、わが友人たちよ、わたしが狂乱して、くるくると踊り出さないように（Daß ich mich aber *nicht* drehe）、わたしを固くこの柱に縛りつけなさい！……ツァラトゥストラは踊り手であっても、決してタランテラ踊りの踊り手では

ない！」（第二部「毒ぐもタランテラ」）(18)

ニーチェは、みずからが回転の主体になることを忌避する。そこで起こるのはめまいであり妄想であろう。その点でライプニッツ、カントを受け継いでいる。このことは、遠近法主義やモナドロジーを手がかりにライプニッツ―カント―ニーチェを系譜づけようとするカウルバッハの試みを、別の角度から補強するものである、といえるかもしれない(19)。

これに対し、マッハは、それを哲学的表現にまで高めることはなかったものの、そうした回転運動にむしろポジティヴな位置を与え、そこから生じるめまいも、高等動物のすぐれた感受性の証しであるとしたのではなかろうか。運動感覚問題においても回転運動が中核的位置を占めている。そしてニュートンの水桶実験の批判にみられるごとく、回転運動こそはマッハにおける認識論的転換のひとつの要締をなしていたように思われる。そして回転運動問題、あるいは運動感覚問題は、空間概念の変革に大きく寄与している。

マッハの認識論を単に要素論とか思惟経済説という定式化のもとに平板に捉えてすますのではなく、その底に潜む思惟の方向性を探っていくならば、そこに豊かな可能性が隠されているように思われる。認識論的転換はこうした方向性を経由して出てきたものである。ブロッホはマッハを深い思想家ではない、表面の思想家だとした上で、とはいえ「表面はひとつの深淵である」といった(20)。私たちはこのブロッホの見方を支持するものであり、以上はそうしたマッハの一見平板な哲学に潜む底ないし基盤を探るひとつの試みである。

注

（1）拙論「マッハの思想形成の一面——『運動感覚論綱要』の読解——」『北海道大学文学部紀要』三十七の一（通巻第六十四号）、一九八八年。

（2）E. Mach, *Grundlinien der Lehre von den Bewegungsempfindungen*, 1875. 以下、この書からの引用にあたっては、『綱要』と略記してその頁数を記す。

（3）以下の歴史的解説は、マッハの『綱要』、および E. Wodak, *Kurze Geschichte der Vestibularisforschung*, 1956, によった。

（4）マッハ『感覚の分析』第七章「空間感覚の立入った研究」、『通俗科学講義』所収の「方向感覚について」、A. Hirschmüller, *Physiologie und Psychoanalyse in Leben und Werk Josef Breuers*, 1978, Teil III, 1.4, を参照。

（5）T. S. Kuhn, *The Essential Tension*, 1977, pp.60ff. を参照。

（6）この章は第二版（一九〇〇年）であらたに加えられ、第五版（一九〇六年）でさらにポーラックの手で最新の成果を盛り込まれた。

（7）*MEGA*, Bd.20, 1962, S.315. エンゲルス『自然弁証法㊤』田辺訳、岩波文庫、一九五七年、二五頁。

（8）以下、ニュートン『プリンキピア』は河辺訳『プリンキピア』（世界の名著）中央公論社、一九七一年により、その頁数を記す。

（9）『力学史』からの引用にあたっては、章—節—項を連記する。なお、テキストとしては、E. Mach, *Die Mechanik in ihrer Entwicklung*, 9.Aufl., 1933, を用い、訳文は『力学』伏見訳、講談社、一九六九年、にできるだけ従った。

（10）広松渉「マッハの哲学と相対性理論」（マッハ『認識の分析』創文社、一九六六年、訳者附録）では、マッハの「質量」と並んで、「空間」と「時間」を取り上げ、検討している。

（11）すでに私はマッハの思惟様式を、神秘主義的思惟の伝統に関連づけてみた。本書第4章「マッハ哲学の一源泉」、を参照。

（12）G. W. v. Leibniz, *Monadologie*, 1714, §21, Philosophische Bibliothek, 1956. 邦訳は清水・竹田訳、『スピノザ・ライプニッツ』（世界の名著）中央公論社、一九六九年、に従った。強調は引用者。

（13）I. Kant, *Kritik der reinen Vernunft*, 2. Aufl., 1787, B.XVI, Philosophische Bibliothek, 1956. 『カント全集・第四巻（純粋理性批

判・上)』原訳、理想社、一九六六年、四一頁。

(14) F. Kaulbach, "Die copernicanische Denkfigur bei Kant", in *Kant-Studien*, Jg.64, Heft 1, 1973, S.31.「カントにおけるコペルニクス的思惟像」、カウルバッハ『ニーチェにおけるモナドロギー』小島訳、明星大学出版部、一九八一年、八五—八六頁。

(15) I. Kant, *Anthropologie in pragmatischer Hinsicht*, 1798, Philosophische Bibliothek, 1912, S.64.『カント全集・第十四巻(人間学)』山下訳、理想社、一九六六年、九一頁。

(16) *Ibid.*, S.97. 邦訳一二六頁。

(17) R. B. Jachmann, "Immanuel Kant geschildert in Briefen an einen Freund", in *Immanuel Kant. Sein Leben in Darstellungen von Zeitgenossen*, Wissenschaftliche Buchgesellschaft, 1993, S.109.

(18) F. Nietzsche, *Also sprach Zarathustra*, Kröner Ausgabe, 1956, S.109f. ニーチェ『ツァラトゥストラはこう言った㊤』氷上訳、岩波文庫、一九六七年、一七二頁。

(19) F. Kaulbach, "Nietzsche und monadologische Gedanke", in *Nietzsche-Studien*, Bd.8, 1979. カウルバッハ『ニーチェにおけるモナドロジー』小島訳、明星大学出版部、一九八一年、F. Kaulbach, *Nietzsches Idee einer Experimentalphilosophie*, 1980, 他を参照。

(20) E. Bloch, "Selbstporträt ohne Spiegel", in E.Bloch, *Gesamtausgabe*, Bd.9, 1965.「鏡なしの自画像」、ブロッホ『異化』船戸他訳、白水社、一九八六年、参照。

第三部　マッハ「哲学」の後と先

第7章　ローベルト・ムージルの学位論文
――『マッハ学説の判定への寄与』の検討――

1　学位論文への視点

特異な未完の長編小説『特性のない男』で知られるオーストリア出身の作家ローベルト・ムージルは、かつてベルリン大学で哲学を専攻し、学位を得た。学位論文『マッハ学説の判定への寄与（Beitrag zur Beurteilung der Lehren Machs）』は、当時まだ存命であったエルンスト・マッハの哲学説にかんするものであった。一九〇八年に学位を授与され、論文は同年に公刊されている。その後ドイツやオーストリアのしかるべき図書館で探せば閲覧できたであろうが、あまり言及されることなく今日に至っていた。それが先頃、彼の工学、心理学にかんする小論とあわせて再刊された(1)。これまでこの論文に立ち入ってふれられることの少なかったのは、入手困難であったことに加えてそれが彼の作家としての仕事にさほど密接にかかわっていないとみなされたからであろう。だが今ではムージル研究者によって、たとえば次のようにいわれる。

「社会的、文化的、知的に見てムージルは二十世紀の入口に立つ過渡的人物であった。必要なのは彼を社会的、歴史的に位置づけ、彼の思想の発展を描き出すような叙述である。このことから要請されるのは、彼の主要な小説だけではなく知られることの少ない政治や文化にかんする評論、広範にわたる日記や遺稿、エルンスト・マッハについての学位論文の検討である。」(2)

ところで、この研究者はまた次のようにもいっている。

「マッハの客観性とリルケの抒情的内面性とを統一しながら、ムージルは知性と情感の両方を世界へのより創造的呼応にむけて開放することにつとめ、それにより哲学と文学のあいだの境界を打ち破った。」(3)

しかしこれはあくまで大局的に見たかぎりでのことである。より立ち入ってこの辺の問題を考える前提として、科学の合理性、哲学(形而上学)、そしてマッハの思想に対してとるムージルのパースペクティヴが明らかにされなければならない。そしてそのためにも学位論文の検討が必要になってくる(4)。ムージルの学位論文は格別独創的なところはないし、当時もとりたてて良い評価を得たわけではない。しかし一方においてかつては工学を専攻し、のちに哲学に移り、結局は作家として自立していったムージルの精神の歩みのうちに、他方において十九世紀末より二十世紀初頭にかけてのヨーロッパ精神史の流れのなかにこの論文を置いてみるとき、失敗作といえなくもないこの論文の性格と意味が浮き出てくるのである。以下ではそうした背景を顧慮しながら、哲学の学位論文としてのその内容と特色を把握することにつとめたい(5)。

この論文が学位論文といういわば公的な性格をもつものとして書かれている以上、当時の哲学界の動向とのかかわりを無視することはできない。まずムージルの扱っているエルンスト・マッハについて簡単にふれておかなくてはならない。旧オーストリア＝ハンガリー帝国に生まれたマッハは、ウィーン大学に学び、物理学専攻であったがそれの応用分野、また感覚生理学等に広く関心を抱いた。グラーツ大学を経て長くプラハ大学に在職し、晩年にはウィーン大学の教授になった。よく知られている『力学史』をはじめ『熱学の諸原理』、『物理光学の諸原理』といった科学史的研究、感覚生理学的知見を多く取り入れた『感覚の分析』、科学上、哲学上のトピックを扱った『通俗科学講義』、『認識と誤謬』などの諸著作が知られている。科学上の業績としては衝撃波にかんする研究、運動感覚にかかわる研究などが知られている。科学の分野でみずから画期的業績をあげるには至らなかったものの、当代きっての物理学者ボルツマンやプランクと科学基礎論上の論争をし、またアインシュタインに影響を与えたとされるなど、当時の科学、哲学の分野で特異な位置を占めていたといえる。

さて、このようなマッハの所論をムージルが学位論文として取り上げたのはいかなる背景によっているのであろうか。長らくプラハ大学の物理学教授であったマッハが一八九五年にウィーン大学の「哲学、特に帰納科学の歴史と理論」講座の教授に迎えられたことは、当時の学界において彼がこの分野で相応の評価を受けていたことを証するものである。ちなみに伝記的にみるならば一八九五年から一八九八年にかけてがマッハの生涯で最もはなばなしい時期とされる(6)。したがってムージルが学位論文のテーマにマッハを選んだことは時期的に見てとりたてて奇異なことではない。ヨアヒム・ティーレの編纂したエルンスト・マッハ文献目録(7)により私たちは当時のマッハにかんする文献の主なものを知ることができる。この文献目録にあがっている一〇〇近くのマッハにかんする文献のうち、哲学学位論文と明記されているものを抜き出してみるならば、ローベルト・ムージル（一九〇八年）、モルトハイ＝ベル・ルーダーイェフ（一九一三年）、ルードルフ・ティーレ（一九一四年）、カール・ゲアハルツ（一九一四年）、オイゲン・シュトック（一九二〇年）、アドルフ・イェンゼン（一九二三年）、ユリウス・ベッカー（一九二七年）、フランツ・カルフェルツ（一九二九年）である（著者名、かっこ内は刊行年）。これで見るかぎりムージルの学位論文はごく早い時期のもののようにみえるが、リヒアルト・ヘーニヒスヴァルト（一九〇三年）をはじめこのほかにも実質上学位論文であるものが他にいくつかあるので、ムージルのそれがはしりであったわけではない。

マッハの諸著作の反響は哲学界の外でむしろ大きく、哲学界における議論もそれに触発された面が多分にあったといえる。科学基礎論的分野における反響はもちろんのこと、マッハの実証主義とマルクス主義の融合をはかる動きまであらわれた。レーニンがこれに対して『唯物論と経験批判論』を世に問うたのは一九〇九年のことである。ムージルもこのような一般的思想状況と無縁であったとは思われない。しかしムージルの論文は哲学学位論文として構想されたのであり、したがってその位置を考えるにあたっては当時の哲学界のなかで見てゆくのがまずは順当であろう。これにかんして私たちはハンス・ヘニングの叙述を参照することができる。

ハンス・ヘニングは一九一五年に一書を公にし、マッハについての標準的解説をおこないあわせてマッハに対する誤解を取り去ろうとした(8)。こうした誤解は特にカント主義の立場をとる哲学者においてめだっている。ヘニングは序文で「マッハの『認識論』にかんするカント主義的傾向の無数の学位論文」(9)という言い方をしているが、「無数」というのは誇張であるにしてもその頃までにその種の学位論文がかなり眼につくようになっていたことをそれは示唆している。ヘニングによれば、これらは「まったく無価値である」(10)。この種の学位論文として彼は次の五つをあげ、それぞれについて短かい批判を加えている。

㈠リヒアルト・ヘーニヒスヴァルト『マッハ哲学の批判のために』ベルリン、一九〇三年

㈡ベルンハルト・ヘル『エルンスト・マッハの哲学。現実と価値についての認識批判的研究』シュトゥットガルト、一九〇七年
㈢フェルディナント・ラインホルト『マッハの認識論』ライプチヒ、一九〇八年
㈣ローベルト・ムージル『マッハ学説の判定への寄与』ベルリン、一九〇八年
㈤ヘルベルト・ブッエロ『エルンスト・マッハの認識論の批判的研究』、『カント・シュトゥーディエン』別号、第二三巻、一九一一年(11)

ここでムージルの論文は世紀初頭より出始めた、マッハ認識論批判をめざすカント主義的な一群の学位論文のひとつに数え入れられているわけである。いまヘニングの主張に立ち入ることはできないが、ムージルの論文についてはそれがヘーニヒスヴァルト論文をそれに含まれている誤解とともに継承しており、ムージルの批判によって「マッハ学説ではなくムージルの構成にかかる妖怪が打ち倒されているだけである」(12)としている。ヘニングの見解の当否はしばらく措くとして、ムージル論文をカント主義的傾向――あるいは新カント主義的といったほうがより明確であろうが――の学位論文のひとつとすることは十分根拠があると思われる。したがって私たちが次にムージル論文の内容を検討してゆくにあたっては、それがこうした性格づけにつきるものかどうかという点に注意をはらってゆきたい。

しかし、このような外的状況と並んで、なぜムージルはマッハを学位論文のテーマに選んだのか、そこで何を意図し、また出来上がった論文をムージル自身がどのように受け止めていたかという内的状況が問われなければならないであろう。作家ムージルを考える上ではむしろこうした主体的問いのほうがより重要でなければならない。とはいえ彼の『日記』、『書簡』等をひもといてみても、マッハないし学位論文に言及している箇所は少なくまた断片的なもので

しかない。それゆえまず学位論文を内容に即して検討し、その上で多少ともそうした点にふれてゆきたい。

2　学位論文の要旨

ムージルの学位論文は特にきわだった主張をしているわけではない。したがって学位論文の特徴をつかもうとするなら、その叙述の全体の調子に眼を配ってゆく必要がある。そこで、ここでは必ずしも明確とはいえない論文の展開を、順を追って概観しておきたい[13]。

（一　序論——課題設定——。S.5-12）

論文は次のような直截な調子で始まる。

「認識論的ないし形而上学的諸問題が今日、精密哲学によって討究されるときはいつでも、自然科学者のことばが重きをなしている。世界の像が自然発生的に哲学者の頭より生起する時代は過ぎ去った。」（S.5）

そして哲学は精密科学研究の手段と成果を顧慮しながらみずからの立場を構築しようとしている。さてここにひとりの自然科学者、すなわちマッハがいて、その主張するところによれば、このような哲学の側の努力において多くのまちがいがみられる。それは哲学者が考えている自然科学と実際の自然科学とがちがっているからである。そうすると実際の自然科学はどのような論理によっているのかということが問題になるが、この点についてのマッハの見方をムージルは六項目にまとめる。すなわち、自然科学がおこなうのは事実の説明ではなく記述であること、事実の要素間の函数関係の確立であること、進化論に基づく経済の立場によって科学の役割が理解されること等々のマッハの見解が整理される。ムージルによればそれらの説を個々に見るならばとりたてて新しいものではない。マッハの特色を見るとすればそれら諸説の組織的な在り方、総体的方向である。つまりマッハがその方法論的立場によって、より確かな統一的観点を得ており、それとともに精密自然科学の確実な基礎に依拠している点である。だがそのかぎりではコント以来の実証主義ととりたててかわるところがないと見ることもできる。そこでムージルが注意を促すのは自然科学の、とりわけ物理学の主要な潮流がその種の実証主義から離れてきており、実証主義は哲学のなかだけでのものになってしまっていることである。ところでマッハの実証主義は自然科学の研究に由来するものとみられる。それならばマッハが実証主義と自然科学を架橋しえているのではあるまいか。

そこでムージルは研究の課題を、次のように定める。すなわち「マッハがほんとうに自然科学の正しい、あるいは少なくとも矛盾のない把握から出てくる論理的帰結により彼の諸主張に到達したのか」(S.11) という問いである。とはいえマッハの叙述は確固とした方法論的結構をもっておらずアフォリズム的性格を帯び、その主張は著書のあちこちに分散している。その上それらはときとして相互に矛盾している。したがってここでの主たる作業はマッハ思想を体系的に割り出し、総括的に理解することにむけられる。すなわちマッハの諸学説を判定するための「単なるひとつの寄与」をしようとするものである。

(二)　認識心理学的、経済的考察方法。S.12-32)

そこでまず，科学は事実への経済的適合であるとするマッハの立場を問題にする。これは認識心理学的考察方法と密接に連関しているとムージルはいう。ここで認識心理学的考察方法といわれているのは、次のような科学の見方である。すなわち事実の知識のみが科学者にとって価値があり、これが科学の目標であるということがその根本である。ところで個々の事実がいつも手許においておければ問題はないのであるが、そうではないがゆえに、諸事実をできるだけ手許におけるようにそれらに秩序を与える必要が生ずる。そこに科学の役割がある。このように認識心理学的に捉えられた、諸事実の秩序づけとしての科学は、実践的なものに発している。より具体的にいうなら自己保存という生物学的視点のもとに捉えることができるのであり、進化論の考えをこれに適用するならば科学を連続性と経済の視点に置くことができる。すなわち経済的考察方法としてそれを理解することができるのである。

さてこのような「進化史的、認識心理学的、思惟経済的考察方法」(S.21)あるいはいわゆる経済説は認識論の立場から見るとき、懐疑論にゆきつくものであるとムージルはいう。それは認識論としての基礎を欠いている。それは厳格に定式化されておらず、一義性をもっていない。そして真理を追究する科学を確定するものとなっていない。このようなマッハの説に従うなら科学的認識と誤謬の境界も截然たるものではなくなってしまう。それゆえマッハの経済説は認識論として見るなら懐疑論にゆきつくものと見なければならない。マッハは適合原理により認識論の基礎をすえているかにみえるが、それも仔細に見るならば従来の帰納論に帰着するものである。マッハの経済説は実用的な役割を果たし、価値ある方向づけを与えるものであるが、それにつきるものであって認識論的には格別の意味をもつものではないというのがここでの結論である。

(三)　力学的物理学に対する態度、種々の物理学概念の批判。S.32-56)

次にムージルは個別的な事柄にむかい、物理学に代表される自然認識の問題にかんして、そこにふたつの思考方向を見出す。ひとつは力学的(機械論的)物理学に対する見方、他は個々の物理学概念の批判である。

まず第一のことについてであるが、力学的立場というのは独立の価値をもつものではなく、経済の立場に役立つかぎりでのみ認められるとするのがマッハの見解である。ムージルはここで近世の物理学史をふり返り、そこに現象の背後にある過程を思考的に図像化する立場から数学的図像化可能性を問題にする立場への移行を見、マッハの立場もこの方向にあると捉える。それは経済的価値に基準を求めようとするものである。ここでムージルはマッハの記述論を取り上げ、それにより彼の立場を明らかにしようとする。それによれば科学の役割は説明ではなく現象の記述である。当面は類比に基づいた、したがって図像に頼ることになる間接記述であるが、めざされるのは事実の直接的、概念的表現である直接記述である。このようなマッハの所論において最も重要なことは経済原理を認識させたことである。力学的物理学の目標はこれに適うかぎりで価値あるものと認められる。以上のようにマッハの見解を整理し、それについてムージルは仮説（あるいは記述）の適否はその仮説と事実との一致を基準とすべきであり、それを超える点について経済が唯一の基準となるのでなければならないとした上で、マッハの立場を現今の物理学の傾向に見あうものとして認める。

次に第二の個々の物理学概念の批判についてである。質量、エネルギー、慣性、空間、時間、運動、温度等々の概念は経験の示すところのもの以上を含んでいる。正しい世界像を構築するためには経験を超える付加物を切り離さなければならない。この概念批判がマッハの重要な業績となっているが、これは彼の経験主義の立場を示すものである。このマッハの立場は経験という確固たる基礎に基づいて形而上学の不確実さから身を守り、同時に経験の経済的呈示を果たしている。それがいわばポジティヴな面であるとすれば、ネガティヴな面として直接的、感性的に経験不可能なことを経験より推論することができないとするマッハの見方がある。ムージルは科学の推論の実際をふり返り、このような経験の踏み越えが科学においてなされており、マッハの側にそれを禁ずる根拠がないという。このようにしてムージルはマッハの経験主義、感覚主義を批判する。

(四　因果概念に対する論難、函数概念によるそれの置換。S.56-79)

ヘルムホルツは自然のなかのあらゆる変化は原因をもたなければならないとする。そして自然科学はこの原因を見出すことをめざしている。マッハはこれに対して異論を唱えるがその理由をムージルは次の四つに整理する。㈠これは同じ状況のもとでは同じ結果が生ずることを前提しているが、それは抽象に基づくこと。㈡原因とされるものは実際には結果を規定している複合体の一要因にすぎないこと。㈢そして実際にあるのは入り組んだ多様な関係であること。㈣したがって原因から結果への一方向的な関係は考えられず、そもそも原因、結果の名に値しなくなる。これらの事情はマッハをして因果概念を捨て函数概念を採るように促す（ただし第一項についてムージルは函数概念を採ったときにも問題が残ると指摘している）。マッハの立場は「函数的呈示による因果的呈示の置換」(S.61) という標語によって表現される。函数的呈示を最も適切に実現しているとされる物理学の方程式がここで参照される。ムージルはそこにおいて特徴的なこととして高度の抽象性と形而上学への無関心をあげる。これは現実との接触面が稀薄化してゆくことのあらわれと見ることができる。理論が立てられるばあい、現実との直接的一致ということではなくもっぱら函数的呈示ということがめざされる。ムージルによればそのさい、ヘルツなどにあってはそれが構成主義的に理解されるのに対し、マッハにあっては経済の原理に根拠が求められる。

ムージルはここで実体概念の問題にふれながらマッハの批判にむかう。マッハは函数概念の立場から実体概念を退ける。万事は函数方程式に存するのみである。これに対するムージルの批判の趣旨は函数関係に対応する対象あるいは実在を考えてはなぜいけないのかという点にあるといえよう。方程式は事実の模写をめざすとマッハが見る以上、そこに実在的契機が含意されている。「この対応する実在的なもの」(S.76) が認識論的に想定されるべきかどうかは措くとしても、それをゆるがせにできないはずだというのがムージルの意見である。また因果性についても、そこに現象の方向性を見ることができ、単なる函数的依存関係以上のものを考える根拠があるという。さらにムージルはマッハによって貶められている概念一般の擁護に進む。概念は方程式に依存しているがこの方程式は経済のための手段にすぎないとされる。このように暫定的な状態に置かれるならば、ある種の「万物流転」が現出することになる。これに対してムージルは現象の流れのなかにも概念形成のための支点があり、流れにも特性をもつ確固とした機構を想定しうるはずであるという。

（五　「函数的結合」の概念の意義の、自然必然性否認による補完。要素論。最後的矛盾。S.79-124）

マッハの因果性の批判などを見てゆけば知られるように、マッハは論理的必然性のみを認め、物理的必然性を原理的に認めない。必然性というものの本来的性格からして物理的必然性は存在しないのである。ところがムージルによると、マッハは論理的必然性のうちに心理的必然性を見ている。何がマッハをこうした制限、混同にむかわせたか、どのような連関でそう捉えているのかが明らかにされなければならない。そのためにムージルはまずマッハの思考傾向を三つにわたって取り上げる。まず第一に説明や理解といわれるものは、実際には単純事実への還元であるとする見方がある。第二は見出された規則の正当性の問題についてであるが、規則は記述的に呈示されるものであるにすぎず、その正当性を証明することはできないという見方である。第三は自然法則の解釈の問題であるが、自然法則を個々の事実の表、あるいはその導出規則、産出規則、想起のための便覧的表示とする見方がある。以上は自然法則、そしてそれを捉えるものとされる理論の性格にかんするものといえようが、これについてムージルは明晰さと完結性に欠けているという。特に心理学的考察方法がびまんしていることを批判する。必然性の「感じ」、習慣的で強固な「期待」等の心理学的用語の使用にもそれがあらわれている。その理由を明らかにするためにムージルはマッハの立場をさらに三点にわたって整理した上で、自然必然性は存在しないとするマッハの立場が体系的連関において最も考慮に値するものであると結論する。〔三〕でみた概念批判についても〔四〕で見た函数的連関の意義の強調についてもその根底にあるのは自然必然性の否認である。しかし自然必然性のこのような否認と自然科学の法則的認識のあいだに齟齬が生じないかどうかについて説明がつけ加えられなければならないであろう。マッハによれば法則的認識において働いている論理は「抽象」である。それのおこなう模写は事実の単純化、図式化、理想化により重要な側面を抽象することによってなされる。自然必然性の単なる否認にとどまることなく、このようなかたちで自然法則の理想化的、虚構的な性格が強調され、自然科学の法則的把握が救い出される。必然性、規則は自然のなかにあるのではなく、抽象や理想化に基づく図式化によっている。必然性は自然のうちに虚構的に持ち込まれる。マッハの自然必然性否認の立場はこのようなものである。

さてマッハの思想を判定するに先だって彼の究極的思想ともいえる感覚主義、要素論の検討にムージルはむかう。これはすでに見てきた自然必然性の否認、法則や理論の道具的理解のような認識論的転換に帰着するものであるが、それとともに認識論的観点の完成にむけてさらに一歩進めようとするものである。このような把握のもとにまずマッハの感覚主義の立場（ムージルはこれを「感覚の分析」の立場とも称している）の基礎にある三つの相関した思想群が取り出される。第一は科学の理論的定式と感覚とのあいだに生ずる落差の問題である。科学の理論的営為と感覚主義の原則とは必ずしも調和するものとは思われない。だがマッハによれば方程式は測定数を含んでおり、この測定において感性的要素にかかわっている。さらに方程式は感性的要素の系列のなかのどの部分から私たちの世界像を合成すべきかを指示する秩序づけの原理でもある。理論的定式はこのようにして感性的要素の数量的規則なのである。第二には「物」想定に対する批判がある。それは感覚複合が相対的な恒常性を示していることに根拠をもっているにすぎない。第三は感覚と感覚されるものとの区分、同様に自己の感覚と他者の感覚との区分が誤りであるとする立場である。これは要素論の基本に帰着する立場である。以上のようなマッハの諸思想に対してムージルの側から反論がなされる。そこでの事柄の焦点としては、要素論に即した言い方をすれば、科学的把握において扱われる要素は概念的性格をもっているのであり、感性的要素と同一と見ることは問題であるということがある。あわせて要素論をめぐる諸問題、特に要素の一元性とそれの類別の方法にまつわる問題点も指摘される。このようにマッハの感覚主義の具体化としての要素論への疑念が表明され、とりわけこの延長上にはたして科学的把握が基礎づけられるのかどうかが疑問とされるのである。

いまや「感覚の分析」の立場が結局自己矛盾に陥ってしまうのか、あるいは種々の疑点にもかかわらず確固とした立脚点たりうるかという根本の問題に立ち戻る。そこでムージルが問題にするのはマッハにおける必然性の否認についてであり、そしてこれについての論評をもって論文をしめくくる(これがこの章の表題にいう「最後的矛盾」である)。マッハは自然における必然性を否認し、無視している。しかしそれはマッハを矛盾に陥らせる。マッハは研究者として恒常性、自然の斉一性を前提とすることを容認している。すなわちそこでは自然における必然的関係を認めているわけである。法則的把握は理想化の方法によると見るならば必然性を前提しなくともよいといえるが、法則の背後にいかなる必然性もないという証明にはならない。また自然必然性の否認を貫いても精密自然科学の成果ならびに要求と一致するという証明もない。法則として捉えられる依存関係は概念的なものであり対象の理想化によっているという事情はその依存関係を虚構と呼ぶことを正当化し、マッハの主張を支持するものである。しかし依存関係は恣意的なものではなく、経験に基礎づけられている。ムージルによれば理想化は事実のうちに基礎づけられているのであり、必然性は理想化によって事実の側に持ち込まれるとするのは誤りである。自然必然性の否認はマッハ自身によって明確にされていないため、マッハが自然必然性を認めていたと解釈する可能性も残している。自然必然性を承認するか否認するかはマッハ自身の見解のなかで相争っていたともいえる。こうした諸問題について将来、一義的解釈を与える方途をマッハは示していないのである。ムージルはこのように結論した上で、次のように述べて論文をしめくくる。

「もちろんこのことはここで考量されたような最後的な形而上学的ならびに認識論的な帰結についてのみ妥当する。個々の点については実際に一般に認められているように、マッハの著作はこの上なく輝かしい叙述とこの上なく実り多い刺激にみちているのであるが、その考察はもはや私たちの課題の枠におさまらない。」(S.124)

3　学位論文の性格とその評価

ムージルの学位論文は均整がとれているとはいえない。マッハからの引用は多いがその他の文献の引用ないし指示が皆無に近いのもひとつの特色である。わずかにみられるが、それはF・ローゼンベルガー『物理学史綱要』(S.34, 35, 36)、E・ゴルトベック『ガリレイの原子論』(S.36)といったものであって、古典的哲学文献はおろか当時すでに出ていたマッハを扱った文献の指示もない。形式的にはヒューム などの名前もあげられているが、多少とも実質的内容をもって登場するのはニュートン、ホイヘンス、ヘルムホルツ、マクスウェル、ヘルツといった科学者である。彼の経歴から見て哲学史的素養が十分でなかったこと、当時の哲学論文のスタイルになじんでいなかったことが考えられるが、また同時に彼の関心の方向を示しているといえる。論文にはマッハの思想を形式化することなく、その実質を損なうことなく取り出し、検討しようとする態度がみられる。しかし一般的にいってそれははなはだ困難な作業であり、ためにあとの章にゆくにしたがい論文構成上の無理が生じてきているように思われる。マッハ学説の判定をしなければならないという必要に迫られてマッハ学説を一面化する傾向があり、他方であくまでマッハに即してゆこうとする意図がマッハの著作からの引用の増加となってあらわれる。その分裂は最終章に特にめだっている。そして結局、マッハ学説を判定し、批判し去ったあとで、マッハに好意的な結びのことばが補足されることになるのである。

章を追っての展開の筋は必ずしも明快とはいえないが、少なくとも前半は叙述も比較的順調に運ばれている。論文はマッハの多岐にわたる思想をひととおり追っており、それぞれの内容にもかなり立ち入っている。個々の論点について不満の残るところも多い。前半では経済説の問題が大きな比重を占めているが、経済の意味する内容があいまいなままにされている。すなわち生物の自己保存の原理と思考の経済のあいだに断絶がないのかどうか、感覚主義、経験主義が経済説に適うものなのかそれとも必要なら経験の踏み越えをおこなったほうが経済に適うのかがあいまいなままに議論が進められている。また要素論がマッハの中心的思想とされることも多いのにそれにかんする叙述が十分とはいえず、要素論と経済説との関係にもふれていない(14)。とはいえムージルのためにいうならマッハの思想の性格にかんがみて、そのいちいちを正しく評価しなおかつ全体的見とおしをつけることはきわめて困難であり、ムージルの論述に不明瞭なところが残っても半ばやむをえない。ムージルは少なくとも個々の論点にあるていど立ち入って検討を加え、それをとおしてマッハ学説の最後的問題点を自然必然性の否認に見出し、それを批判することによってマッハ学説へのひとつの判定の道を示したのである。

ハンス・ヘニングは先にふれたようにこの論文を新カント主義的な（ヘニングはただカント主義といっているが、内容に即して以下、「新」をつけておく）マッハ認識論批判のひとつに数え入れた。見てきたようにムージルは認識論の立場に固執している。自然必然性の擁護についてはそれが法則性の基礎づけと関連しているかぎりでは新カント主義の線にそったものとみることができる。論文の冒頭にみられるような実証科学の評価、あるいは結語にみられるマッハ科学論の評価は特徴的であり、またこの傾向は論文をとおして感じられるのであるが、しかし論文の趣旨を問題にするかぎり新カント主義の立場といってさしつかえないと思われる。この点をもう少し明らかにするために、この傾向のマッハ批判の嚆矢とされるリヒアルト・ヘーニヒスヴァルトの『マッハ哲学の批判のために』(15)と比較してみよう。

この小著は単にマッハ批判の先駆というだけではなく、内容の充実の点でも、さらにはそれがマッハ哲学なるものは存在しないというマッハ自身の発言を引き出した点でも注目に値する。副題に示されているように認識論的立場からのマッハ批判である。すなわちここでは「マッハの認識論の批判的判定」がめざされており、「マッハの個々の自然科学的＝方法論的視点」は扱わない(16)。ヘーニヒスヴァルトは以下の論述においてマッハの所論が認識論としては破綻していることを示すのである。その論述において経済の原理は規制的原理として成り立つにすぎないこと、マッハの立場をとれば「ヘラクレイトス的万物流転」に陥ってしまい認識の支点が失われてしまうことなどの指摘がなされている(17)。すでに見たようにこうした見方をムージルもまたとっている。全般的に見てムージルにあってはヘーニヒスヴァルトのきっぱりと突き離したマッハ批判のあとを受けて、むしろよりマッハに即してその論理をたどろうとする姿勢がみられる。そして課題設定においても表明されているように科学の方法や論理の問題にかなりの重点が置かれている。そうした点では傾向のちがいはあるものの、それは両者の立場の相違を示すものとはいえない。かなり決定的な相違となりかねない点があるとすればそれは次の点である。すなわち「主観」ないし「自我」をムージルがほとんどまともに論じていないことである。ヘーニヒスヴァルト論文にあっては、マッハにおいてそれが否定されていることに対する批判が論文の根幹をなしているといってもよいほどである。ヘーニヒスヴァルトによれば、認識論の前提として必ず「主観」が想定されてきたのにマッハにはこれが欠けている。「統一的に持続する、すなわち自己同一的にとどまる自我」が想定されていないマッハの立場にあってはカテゴリーの存立する余地がない。また意識が要素の集合であるなら、要素の集合が要素の集合を認識するというおかしなことになってしまう。さらに経済を考えるばあいには当然それの基盤となる主体の存在が前提される(18)。ムージルは客観ないし実在についてはそれを想定すべきであると考え、そこに自然必然性の根拠を求めているのであるが、ヘーニヒスヴァルトにとってこのように重大な位置を占める「主観」や「自我」を直接的主題として論じてはいない。そうするとムージルの論文をヘーニヒスヴァルトに始まる新カント主義的なマッハ認識論批判に加えることは無理ということになるであろうか。

ムージルは自然科学の方法と論理の問題にかんするマッハの議論を重視し、それについての解説にかなりの比重を置いている。ムージルはその意義と価値を認めていたし、そして論文の冒頭に暗示されているように哲学的にも重要であると考えていた。「主観」や「自我」の問題が議論の正面に出てこないのはムージルのこのような関心の方向と関連している。とはいえムージルは科学論の独自の問題領域を確保したわけではない。関心の趣くところにしたがい自然科学の方法や論理の側面に意を用いたが、論文の基本的方向はあくまでマッハの認識論的批判にあるといってよい。そのさい、認識論の基礎たる主観や自我への視角が欠落しており、それは認識論についての自覚が不足していたことを意味しうる。けれどもムージルが別個の認識論の構想をもっていたわけではない。したがってヘーニヒスヴァルトのような厳格な新カント主義の立場からは不満足にみえるであろうが、ムージルの論文を新カント主義的なマッハ認識論批判とすることは根拠をもつといってよい。

さて、私たちはムージルの学位論文の性格をさらに進んで考えてゆきたいが、その手がかりになるのは学位論文の審査の資料である(19)。資料からも明らかなようにムージルの学位論文は一九〇七年六月二十七日付で「エルンスト・

マッハの見解との関連で見た物理学の認識論的基礎の研究（Studien zur erkenntnistheoretischen Grundlage der Physik mit Bezug auf die Anschauungen Ernst Machs）」という題で提出されたが、カール・シュトゥンプの要請で書き改められた。そして題も今のようなものに変えられて翌一九〇八年一月末に再提出され、同年二月二十七日に試験を受け三月十四日付で学位を授与された。論文審査に主としてあたったのはカール・シュトゥンプであり、アロイス・リールがそれに加わっている。試験にはこのふたりのほか数学者ヘルマン・アマンドゥス・シュヴァルツ、物理学者ハインリヒ・ルーベンスが副専攻科目を審査するために加わっている。論文、試験ともに並みの成績であった(20)。論文は公平に見て格別すぐれているとはいえないであろう。みずからの問題意識により解明しようとする意欲も感じられるのであるがそれを十分貫くことができず、むしろそれが災いして論文の体裁を崩す結果にもなっているからである。

審査にかんして資料的に興味を引く点があるとすれば、それは当時の哲学界・心理学界の重鎮であったシュトゥンプの評価である。シュトゥンプが「最初書き直しのために学位志願者に差し戻した」(21)理由は何か、論文はどのように書き改められたのか、最終的論文に対するシュトゥンプの評価はどうであったか、を仔細に知ることは資料が十分にないためできない。最初ムージルがマッハを肯定的に扱いすぎているためシュトゥンプはこれに満足できず書き直しを求めたということは、十分考えられることである(22)。さてそうして出来上がった論文についてシュトゥンプは次のような講評を下している。

「［著者のマッハ学説への］批判はそのどこにおいても内在的なものである。著者は必要なていどを越えるものではないが、どのように人はある立場から別の立場へと無抵抗に駆りたてられ、ついには内的矛盾にさらされることになるかを示すという積極的姿勢もとろうと努めている。種々の点で著者はさらに事柄について解明し闡明して、

形式については穏当なものにしなければならないであろう。」(23)

簡明、適切な講評といえる。この最後の部分が、論文が並みの成績にとどまった理由を示しているといってよいであろう。しかしさらに立ち入って次のように問うてみたらどうであろうか。すなわちシュトゥンプは基本的な点で論文に対して不満をもっていたのであろうか。あるいは換言すればムージルは書き直さいも「自説を貫き通し」(24)たのであろうか。このことを考えるためにはシュトゥンプのマッハ認識論に対する立場を知っておく必要がある。

両者の認識論上の対立点を手っとりばやく知るためにはマッハの「感性的要素と自然科学の諸概念」(一九一〇年)(25)を参照すればよい。マッハはこのなかでシュトゥンプに対して反批判をおこなっている。そのさいシュトゥンプの側からの批判の要点を抜粋しているので両者の対立点が明瞭になっている。シュトゥンプはマッハの「感覚一元論」を批判する。自然科学が対象とする法則的連関は感性的現象のうちには存在せずその彼岸にあり、また意識からも独立したところにある。感性的現象は純粋数学的世界の研究にとっての出発点の意義しかもたない。このことは心理学のばあいも同様である。これに対してマッハは「感性的現象のうちに、法則が少なくともはっきりとした痕跡の形でなり含まれているのでなければ、私共はその法則を読み込む一切の権利を失うことにならないでしょうか」(26)と反問する。「感性的現象の彼岸」は物理学者の探究すべきものではなく、意識から独立した存在を立てる必要もないとマッハは考える(27)。ここで引用されているシュトゥンプのマッハ批判は一八九六年の国際心理学会で発表されたもので、のちに印刷に付された。その第三版が出たのを機に一九一〇年にマッハがそれに答えたのである。したがってムージルの学位論文の提出された時期において右のマッハの答弁はまだなされていなかったが、シュトゥンプとマッハとのあいだの認識論上の相違は以上のような水準にあったと見てよい。さてこの論争点はムージルが自然必然性ということで扱った事柄に直接かかわってくる内容をもっている。当然ムージルはシュトゥンプのマッハ批判についてはよく知っていたであろう。ところがムージルの論文はすでに見てきたようにシュトゥンプ対マッハの論争点にいまひとつかみあってこない。あるいはかみあうように書かれていない。それゆえムージルがシュトゥンプの問題にした点についてどう考えるのかが明確ではない。少なくともこの点でシュトゥンプが不満をもったことは十分ありうることである。ムージルはシュトゥンプの側に近いと見ることもできよう。しかしまたマッハをシュトゥンプが見ているよりも、より好意的に見ていることもまた確かである。ずっとのちの書簡（ヨーゼフ・ナードラー宛、一九二四年十二月一日付）のなかでムージルは次のようにいっている。

「博士号を取る前に私は『少年テルレスのまどい』を発表しました。この本の成功は、残念なことに、ベルリン大学の私の師シュトゥンプと気まずくなり、それに業を煮やして助手としてグラーツに来てそこで教授資格を得るようにとのマイノングの招きをも私が断ることに役立ったのです。」(28)

このような感情のもつれはあったであろう。しかしこれは事の一面であってシュトゥンプとの関係にあって哲学研究上の志向の相違のほうが深刻であったにちがいない。それが右のような感情面のもつれを増幅したのであろう。以上のような次第で、ムージルは論文においてみずからの方向をあるていど貫いたと見てよいであろう。とはいえムージル自身確たる立場を見出していなかったのであるから、自説を貫いたというほどのことではない。つまり哲学的立場というよりは哲学研究上の志向の相違のほうが問題であったのであり、そしてそれは「しようとすることは自分自身のうちから引き出し、吟味し補足する段になって助言を求めることがよりだいじなのだと思い込んでいた」(29)ムージルの哲学研究態度に由来するところが大であったと思われる。

さてそうして出来上がったのは、完成度の低い学位論文であった。形式的にも内容的にも不体裁は蔽いきれない。それはほぼ同じ時期にライプチヒ大学に提出された学位論文、ラインホルト・シュルツ『マッハの認識論。叙述と批判』と比較することにより明らかとなる(30)。シュルツは序文で次のように述べる。マッハの哲学的諸見解に議論が集まっている。マッハにあっては体系的把握が欠けており、そしてマッハ自身そうしたものをめざしてもいないといえる。だがこのマッハの根本思想の上に包括的世界像を築こうとする人も出てきている。それに加えてマッハ哲学に対する様々の理解が横行してきている折から、まず、いわゆるマッハ哲学を可能なかぎり文献に即して叙述することを試みる。次にそれの批判に移るわけであるが、そのさいマッハの根本思想である要素論を問題にするにしてもそれ自体確固としたものでも一貫したものでもない。マッハの思想を統一的世界観のようにみなしてこれを批判するなら、マッハのそもそもの意図に反したものとなりかねない。したがってここでは主たる力点をマッハの要素論の反駁に置くが、その他これにかかわる諸々のマッハの発言における不統一や矛盾を指摘するばあい、それはマッハの著作に体系的な哲学を見る人にむけられた批判であると理解してほしい(31)。ほぼ以上のような立場をとることをシュルツは表明するのであるが、まずはそつのない妥当な立場といってよい。マッハの認識論的根本思想を要素論(要素一元論、感覚一元論ともいわれている)として捉え、これを主たる問題とするといわれているが、シュルツはそれを固定的に捉えているのではないといっており、そのことは本文を見ても明らかである。さて、論文は大きく第一部(マッハ認識論叙述)、第二部(マッハ認識論批判)に二分され、序文で述べられた方針に従って論述を進めている。この方法は「マッハ哲学」の性格にかんがみて、秩序だった論文を仕上げる上でたいへん便利な方法であるといえる(32)。シュルツなる哲学徒(33)がこの時期にマッハを学位論文のテーマに選び詳細に検討し批判した学問的意欲は新鮮なものとして評価されるべきかもしれない。とはいえ当時の哲学界にあってこの種の哲学への関心はさほど鎖されていたとは思われない。ましてシュルツの実行しているようなこの種の「新哲学」の裁断、批判はアカデミズム哲学の内部において要請される作業であったと考えられる。その意味でシュルツの論文は当時のアカデミズムの哲学研究のパラダイムに見あっていたということができる。すでに出ていたヘーニヒスヴァルト論文との関係でいえば、ヘーニヒスヴァルトはマッハ哲学の解説的叙述に重きを置かなかったが、それをたんねんにおこなっている点でシュルツ論文の意義も十分ありえたといえる。

ではムージルのばあいはどうか。論文は新カント主義的マッハ認識論批判のひとつに数え入れられるが、そうしたものとしては不徹底である。科学方法論の問題に傾斜しているといえるが、そこに独自の思索領域を見出すまでには至っていない。個々の点についてみるならばよい着眼もある。たとえば五において、マッハにあっては心理学的考察方法がびまんしており、それが心理学的用語の頻用にもあらわれていて、必然性の把握にもそれが影響しているとされる。しかしそれ以上の分析がなされていないためこの着眼は活かされていない。この論文の意味を求めるとすれば視点の固定していない、流動的な可能性のうちにであろうか。しかしそれもムージル自身哲学の研究を放棄したため、また論文が他に影響を与えるほどのものではなく埋もれてしまったため直接的には無理である。残る道はムージルというひとりの思想家の思想的営為の軌跡のうちにその意味を求めることである。最後にこの点について検討しておきたい。

4　ムージルにとっての学位論文

出版されている日記や書簡の類をひもといてみても直接学位論文ないしはマッハにふれている箇所は意外に少なく、

論文の背景を詳らかにするのは難しいのであるが、そこになんらかの手がかりを求めるなら、たとえば一九〇二年五月二十六日の日記に次のように記されている。

「マッハの『通俗科学講義』が折よくちょうど今日、私の手に入った。おおむね悟性的であるが、にもかかわらずひじょうに重要な人物が現に存在することを示してくれた。もっともそのことをこれまでもけっして疑っていたわけではない——だがこれにより今一度思いをあらたにするのである。」(34)

現在出版されていて私たちの見ることのできる日記や書簡のなかで、唯一名ざされているマッハの著書が『通俗科学講義』(35)であることは半ば偶然のことかもしれない。しかしより注目され、影響力の大きかった『力学史』や『感覚の分析』ではなくこれにふれているのは、まったくのゆきがかりとは思われない。単行本にまとめられた数あるマッハの著書のなかで、これはその題名の示すとおり最もポピュラーなものに属する。認識論的問題を扱った部分も多いとはいえ、全体としては科学上の興味深いテーマについてエスプリに富んだ軽快なタッチで述べている。認識論的問題にふれているばあいでもみずからの関心の趣くところにしたがい自在に論じている観がある。その点、のちにまとめられたもうひとつの小論集で、「探究の心理学のためのスケッチ」を試みている『認識と誤謬』に比べてみても、哲学的にはとりとめのない印象を受けるのである。こうした通俗講義では高い知識を前提するわけにゆかないため内容的に制限されてくるが、「にもかかわらず対象を適切に選択することにより探究のロマンと詩を感得しうるようにすることができる」(序文)(36)と述べており、「マッハ哲学なるものは存在しない」(『認識と誤謬』序文)(37)と弁明しなければならなかったのちの事情ともちがってめずらしく文学的表現を用いているほどである。ムージルがマッハのこの方面の仕事にまず惹かれたであろうことは想像しうるところである。ムージルは科学的、技術的事柄にも親しんでいた。一九〇四、五年の通俗科学記事やのちの一九二二年の応用心理学的記事（これらは今回再刊された学位論文に、付録として収められている）を見ても彼が屈託のない筆致でそれらを書きつづっているのが認められる。そして一方における科学的、技術的事柄への関心と他方での哲学的な関心が無理なく均衡を保っていたのがこのマッハの著書であった。試みにそのなかの小論のひとつ「なぜ人はふたつの眼を持つか」を取り上げてみるなら、そこではまず距離認識の問題から説き起こし、人の場所的移動によってこれが得られることを説明する。さらに人のもっている両眼は、ふたつあるというそのことだけでこの距離認識を実現していることを説明する。そして絵画における遠近法のことなどにもふれ、習慣や感官の訓練により同じ物がいかに様々に見えるかということを明らかにしている。こうした叙述をとおして、「人の眼を変えるならその世界観を変えることになる」、「本質的に人とは別の眼の備わっている動物、たとえば昆虫にとって自然はなんと別様に見えることか」(38)といった視覚の理解に至るのである。

この種の議論は当時の哲学界の認識論においてはまともに取り上げられないが、これこそ真に興味深い認識論のテーマではなかろうか。しかしいずれはマッハ流の不徹底な思考には満足できなくなることもあろう。あるいは少なくとも哲学を専攻する以上、とうてい論理的展開の十分でない断片的、素人的思考の次元にとどまっていることはできない。ムージルは認識や科学の問題への関心とマッハ思想への半ばの共感から学位論文のテーマとしてマッハの認識論を選んだのであろうが、それを論文としてどのように具体化してゆくか。マッハ認識論に対するひとつの確固とした見方はすでにヘーニヒスヴァルトによって与えられていた。しかしこれは新カント主義哲学の立場からマッハを裁断し、片づけたものであって、ムージルの当初意図したのはこのようなものであったとは思われない。あえていえば、伝統の哲学とともにまた十九世紀の科学主義、実証主義ともちがった二十世紀の哲学を意図し、その萌芽ないし手がかりをマッハのうちに認め、そしてそれを批判的、発展的に論じることがムージルの課題であったのではあるまいか。これは私たちがその後の哲学史を見たとき痛感せざるをえないようにきわめて困難な課題である。すでに哲学への対し方に動揺をおぼえていた(39)ムージルは、「意気消沈している。私の論文はいっこうにはかどらず、なんの成果もないままに日はたちまちに暮れてしまう。どうかなってしまいそうな気がする。それに論文との永劫の格闘、もうこりごりだ」(一九〇七年二月十七日付日記)(40)という気分になり、「日々がどろどろした状態で続いてゆく。私は論文にうちふるえているミイラにほかならない」(同年三月十一日付日記)(41)といった状況のなかで苦闘を続けることになったのである。

そして一九〇七年の半ばまでには仕上げ、その後シュトゥンプの勧告によって書き改めようやく学位取得を果したあと、残っている書簡(42)よりわずかに推定しうるのは、彼が満足感ではなくもっぱら解放感のみを享受したようだということである。そして出来上がった論文は新カント主義的といってよい方向においてまとめられており、それにつきないムージルの問題意識は一般的な発言において、あるいはむしろ論文の体裁を崩すような叙述においてうかがわれるにとどまる。

しかしこの論文をもって学位を得たことにより、一九〇八年末にはグラーツのマイノングのもとで職を得る道が開けてくる。このほかにも結局うまくゆかなかったがミュンヘンの工科大学就職の話もあったようである(43)。ムージルがのちに日記のなかで思い返しているように(44)、グラーツ行きを受け容れていれば相応のアカデミックな経歴が得られたであろう。伝統的哲学にはしょせんなじめなかったであろうが、当時、実験心理学の分野が独立の地位を確保してゆく時期にあって、ムージルはその能力を発揮しうる場所を見出しえたはずである。そのさいに哲学学位論文にみられた未熟さは、必ずしもマイナス要素にならないばかりかプラスの要素にも転化しえたと思われる。当時の心理学には先験的、体系的な態度よりは経験的あるいは実験的態度が要求されていたであろうからである。もっともムージルはベルリン大学時代にあって実験心理学に自信と満足とを見出せず、それから遠ざかっていたとのことである。そしてグラーツに行っても結局は脱落し、文学に移ることになったであろうと述懐している。必ずしもそうだったとは思われない。しかしそのような世間的次元の話をこれ以上詮索することは無益である。ムージルのここでの述懐で重要なのは、自分が哲学を専攻することにおいてめざしていたことに結局自分はたどりつけなかったであろうという認識である。

それではムージルが漠然とであれめざしていたものは何か。その端緒すらしっかりとつかまれていなかったがゆえに特定するのは困難であるが、今参照した日記に続く箇所での、次のような反省がひとつの手がかりを与えてくれる。

「私はいつでも倫理学とはかかわりあってゆきたかったのだが、私に適した入口がわからなかったということは重要である。言い換えれば私は勉強不足だったのだ。シェーラーはその入口をみつけたのだから。」(45)

この倫理(学)(Ethik)ということばで表現されるものを彼はめざしていたといえないだろうか。あるいはみずからの哲学的課題として予感していたものを倫理(学)ということばで表現したといってもよい。ある書簡(ヨーゼフ・ナードラー宛、一九二四年十二月一日付)のなかで彼は自分の経歴にふれ、大学で哲学を研究したが、それは主として論理学、認識論、心理学であったといったあと、「私の志向は倫理学にむかっていたのですが」(46)とつけ加えている。彼の考える倫理学がどのようなものであったかを明らかにすることはできないが、それにかんすることを一、二述べておきたい。まず思い起こされるのはウィトゲンシュタインの『論理哲学論考』における倫理学の取り扱いであり、そしてそれにかんするルートヴィヒ・フォン・フィッカー宛のよく知られた書簡である。書簡のなかでウィトゲンシュタインは「この本の意義は倫理的なものです」(47)と語っている。『論理哲学論考』の構成はしかし、必ずしもそうなっておらず、この発言は一面のみを強調しすぎていると見るのが妥当であろう(48)。だが、ムージルとウィトゲンシュタインの両名において期せずして「倫理(学)」が象徴的意味をこめて口にされていることは注意しておいてよい。ウィトゲンシュタインにとって倫理学は語りえないものとされたがムージルにとっては(論理的にではなく現実的に)語ることができなかった、語る方途を見出せなかった。そして哲学という形式を捨て、文学の形式においてそれを問題にしたといってよいかもしれない(49)。ところでムージルが倫理学を志向したといっても、それは論理学、認識論、心理学といったものとは別なところに隔絶されてあったのではない。次のような見方は、基本的には終生変らなかったように思われる。

「私は……次のことをつけ加えたく思います。私は数学と心理学に立ち入って従事することなしには永続的に実りある哲学的活動を考えることはできません。たとえ哲学の本質をこれらの前提的知識から引き離して捉えるにしてもです。」(カール・ベデカー宛、一九三五年八月十六日付)(50)

したがって結果はともかく彼が倫理学に関心がむいていたことと学位論文のテーマにマッハを選んだこととは矛盾するものではなかった。

ムージルは認識論、心理学、あるいは数学や自然科学の論理を把握し、そしてそれを突き抜けて倫理学の問題に至ることにみずからの哲学的課題を見ていた。学位論文はできることならそのための基礎ないしは出発点とするはずのものであった。しかし結局彼はそれを果たすことができなかった。そして伝統的哲学研究にも当時開けてきていた実験心理学的研究にもむかわずに、作家の道を選んだ。文学の形式により倫理学の問題を追究する道を選んだと解することもできるが、そのように見たばあい哲学と文学のあいだの表現方法の相違、世界把握の方法の差異があらためて問われなければならないであろう。ムージルの『マッハ学説の判定への寄与』は、学位論文としてすぐれたものということはできない。しかし不成功に終ったその叙述のなかに二十世紀の思想的課題に直面した作家の若き日の苦闘の痕を読み取るとき、そしてこの作家の生涯における分岐点をそこに見出すとき、この論文の思想史的意義があらわれてくる。

文　献

ムージルの著作については次の版を使用した。

① Robert Musil, *Beitrag zur Beurteilung der Lehren Machs und Studien zur Technik und Psychotechnik,* Rowohlt, 1980. (*Beitrag.* と略記)

② Robert Musil, *Tagebücher,* hrsg. von Adolf Frisé, Rowohlt, 1976. (*Tagebücher.* と略記)

③ Robert Musil, *Briefe 1901-1942*, hrsg. von Adolf Frisé, Rowohlt, 1981.（*Briefe.* と略記）

なお注にあげた文献以外に次の文献を参照した。

Wilfried Berghahn, Robert Musil in Selbstzeugnissen und Bilddokumenten, Rowohlt, 1963. ベルクハーン『ムジール』田島・伊藤訳、理想社、一九七四年。

Henri Arvon, "Robert Musil und der Positivismus", in Karl Dinklage (Hrsg.), *Robert Musil. Studien zu seinem Werk,* Rowohlt, 1970, S.200-213.

前者からは、ムージルの伝記にかんすることで示唆を受けた。

注

（1）文献①。なお再刊されたものは原著のファクシミリ版である。したがって原著の誤植等はそのまま持ち越されている。なお論文自体からの引用にさいしては便宜上、併記されている原著の頁数を本文中に示す。

（2）D. Luft, *Robert Musil and the Crisis of European Culture 1880-1942,* University of California Press, 1980, p.5.

（3）*Ibid.,* p.2.

（4）この作業をルフト自身、あるていどおこなっている。

Cf. *ibid.,* Chapter 2.

（5）精神史とのかかわりにおける哲学を問題にする動向がみられる。その近年における収穫のひとつが、ジャニクとトゥールミンによる『ウィトゲンシュタインのウィーン』であろう。それとともに哲学をより相対化して精神史のなかの一要素と見る見方も出てきてよいであろうし、そういう視点からはムージルのような例は検討に値するであろう。本章のテーマとは直接にかかわってこないがそうした視点からムージルを取り上げている研究者もいる。

Cf. J. C. Nyíri, "From Eötvös to Musil. Philosophy and Its Negation in Austria and Hungary", in J.C. Nyíri (ed.), *Austrian Philosophy: Studies and Texts,* Philosophia Verlag, 1981, pp.9-30.

（6）Cf. J. Blackmore, *Ernst Mach. His Life, Work and Influence,* University of California Press, 1972, p.154.

（7）J. Thiele, "Ernst Mach-Bibliographie", *Centaurus,* vol.8, pp.189-237.

（8）H. Henning, *Ernst Mach als Philosoph, Physiker und Psycholog,* Leipzig, 1915.

（9）*Ibid,* S.VI.

（10）*Ibid,* S.VI.

（11）Cf. *ibid.,* S.182ff.

（12）*Ibid.,* S.183f.

（13）この学位論文の「要約的紹介」がすでに次の文献によってなされている。

中川勇治「ムジールの学位論文について（要約的紹介の試み）」東北大学ドイツ文学研究室『東北ドイツ文学研究』第十号、一九六六年。読みやすいとはいえないが本文に即して要約しており、ムージル論文の概要を知るのに便利である。中川氏の要約のすでにあることにかんがみ、ここでは本文に即した要約ではなく、論文の筋を解説するにとどめる。

（14）これらの諸点についてはすでに検討している。本書第2章「エルンスト・マッハの認識論」、参照。

（15）R. Hönigswald, *Zur Kritik der Machschen Philosophie. Eine erkenntnistheoretische Studie*, Berlin, 1903.

（16）*Ibid.*, S.III.

（17）Cf. *ibid.* S.13, S.17, S.18, etc.

（18）Cf. *ibid.* S.7, S.14f., S.18, S.19, etc.

（19）「学位論文審査資料」として、*Beitrag.*, S.135-140 に収録されている。以下の審査論文にかんする記述はこれによっている。

（20）論文、試験の成績は、それぞれ laudabile, cum laude と記されている。laudabile は論文に対しての形容詞として用いられたことばであって、cum laude と同等であると考えられる。summa cum laude, magna cum laude, cum laude, rite というのがドイツの大学において一般的な成績評価段階のようである。なおこの試験（口答による）の内容、経過は公的報告（Cf. *Beitrag.*, S.138f.）によって知ることができるが、ムージルの友人ヨハネス・フォン・アレッシュ宛書簡（一九〇八年三月十三日付）もそれについて述べている。Cf. *Briefe.*, S.51ff. そこでムージルは試験の様子を率直に語っている。そのなかで彼は試験の成績について、格別良いか悪いかでないかぎり一般に論文と同じ評価になるようだと書いている。

（21）*Beitrag.*, S.136.

（22）中川氏は典拠を示していないが、そのように述べておられる。中川、前掲論文、一一四頁。

（23）*Beitrag.*, S.136.

（24）中川、前掲論文、一一四頁。

（25）この雑誌論文はのちに他の一編とともに小冊子としても出され（一九一九年）、さらに『通俗科学講義』の第五版（一九二三年）に収録された。原著が手許にないため次の邦訳書所収のものを参照した。

エルンスト・マッハ『認識の分析』広松・加藤編訳、法政大学出版局、一九七一年。

（26）邦訳八九頁。

（27）以上については、邦訳八八頁以下、および九九頁以下の原注を参照。

（28）*Briefe*, S.367.

（29）*Tagebücher*, S.919.

（30）Reinhold Schultz, *Die Machsche Erkenntnistheorie. Darstellung und Kritik*, Berlin, 1907. 事情は定かではないが著者は翌年名前を変えて、Ferdinand Reinhold, *Machsche Erkenntnistheorie*, Leipzig, 1908 として再度出版している（ヘニングがカント主義的認識批判の第三番めにあげているものである）。

（31）Reinhold Schultz, *op.cit.*, S.5f.

（32）もちろん内容的に平板になりはしないかという危惧はある。私の知るかぎり、のちにフランツ・カルフェルツも学位論文においてこの方法をとっている。

Cf. F. Kallfelz, *Das Ökonomieprinzip bei Ernst Mach. Darstellung und Kritik. Das Prinzip der Maximalleistung des Denkens*, 1929.

（33）論文に付されている履歴書によれば、シュルツは一八八三年生まれ。一九〇三年に歴史を学ぶためにミュンヘン大学に入り、そこで文芸史に興味をもち、翌年ライプチヒ大学に移った。そこでのちに哲学の問題にむかった。特にマックス・ハインツェの指導を受けた。なお論文審査にあたったのはマックス・ハインツェとヴィルヘルム・ヴントで、一九〇七年七月三十日付で学位を授与されている。シュルツがその後どのような経歴をたどったかは不明である。

（34）*Tagebücher*, S.20.

（35）*Populär-wissenschaftliche Vorlesungen*. これは第三版（一九〇三年）、第四版（一九一〇年）、第五版（一九二三年）としだいに増補され、最初十五講だったものが第五版に至っては三十三講になっている。ムージルの手にしたのは初版（一八九六年）か第二版（一八九七年）である。

（36）E. Mach, *Populär-wissenschaftliche Vorlesungen*, 4. Aufl., 1910, S.VIII.

（37）E. Mach, *Erkenntnis und Irrtum. Skizzen zur Psychologie der Forschung,* 5.Aufl., 1926, S.VIIn.
（38）E. Mach, *Populär-wissenschaftliche Vorlesungen,* 4. Aufl., 1910, S.93.
（39）たとえばムージルがムージル自身と対話するというかたちをとった一九〇五年五月十三日付の日記、参照。*Tagebücher.,* S.149f.
（40）*Ibid.,* S.208.
（41）*Ibid.,* S.209.
（42）ヨハネス・アレッシュ宛（一九〇八年三月十三日付）、フランツ・ブライ宛（同年四月十二日付）書簡、参照。*Briefe.,* S.51ff.
（43）このあたりの消息については、アレクシス・マイノング宛、一九〇八年十二月三十日付、および翌年一月十八付書簡、参照。*Ibid.,* S.61ff.
（44）以下については一九三〇年末に書かれた日記によっている。*Tagebücher.,* S.918f.
（45）*Ibid.,* S.918f.
（46）*Briefe.,* S.367.
（47）L. Wittgenstein, *Briefe,* hrsg. von B. F. McGuinness und G. H. von Wright, Suhrkamp Verlag, 1980, S.96.
（48）黒崎宏『ウィトゲンシュタインの生涯と哲学』勁草書房、一九八〇年、一二四頁以下、参照。
（49）次の文献は、間接的にはともかく直接的交渉のなかったムージルとウィトゲンシュタインの思想史的平行関係をスケッチしており、むしろ独立に展開された両者の思想のあいだに平行関係を見出しうることの意義を重視すべきだとしている。
J. C. Nyíri, "Zwei geistige Leitsterne: Musil und Wittgenstein", in *Literatur und Kritik,* 113, 1977, S.167-179.
（50）*Briefe.,* S.652.

追　記

本章中では、ヘニングに従い、ヘーニヒスヴァルトの『マッハ哲学の批判のために』を学位論文とみなしている。しかし、これは学位論文ではなかった。ヘーニヒスヴァルトについては最近、いくつかの研究書が出ているのでそれを参照されたい。

E. W. Orth & D. Aleksandrowicz (Hrsg.), *Studien zur Philosophie Richard Hönigswalds*, Königshausen & Neumann, 1996.

W. Schmied-Kowarzik (Hrsg.), *Erkennen-Monas-Sprache*, Königshausen & Neumann, 1997.

R. Grassl, *Der junge Richard Hönigswald*, Königshausen & Neumann, 1998.

なお、ヘーニヒスヴァルトの学位論文は、『マッハ哲学の批判のために』出版の翌年に出版された次の著作である（W. Schmied-Kowarzik (Hrsg.), *op.cit.* 所収のヘーニヒスヴァルト文献目録による）。

Über die Lehre Hume's von der Realität der Aussendinge. Eine erkenntnistheoretische Untersuchung, 1904.

第8章　グスタフ・テオドール・フェヒナーの哲学

――序　説――

1　フェヒナーへの視点

二十世紀の哲学をふり返ったとき、諸流派が形成され、議論が闘わされたにもかかわらず、次の世紀に受け継がれるべき遺産は必ずしも豊かではないといえるかもしれない。いずれにしてもそれを反省すべき時期になっている。そのさい十九世紀の特に後半からの哲学の展開の検討が不可欠な作業となってくるであろう。

ファイヤアーベントは現今の合理主義的哲学をラディカルに批判する科学哲学者・思想家であるが、従来よりマッハを評価しており、近著『理性よ、さらば』でも一章を彼にあてている。ファイヤアーベントは次のようにいっている。

「エルンスト・マッハは物理学、生理学、科学史、思想史、そして哲学一般に貢献した。彼はなんの苦もなく、そのように広範にわたる関心を追うことができた。彼が生き、仕事をしたのはウィーン学団が私たちの科学のイメージを再定義し、ひどく狭めてしまう前だったからである。」(1)

そうした観方により、ファイヤアーベントはマッハに立ち戻る。同様の立場から私自身もマッハに取り組んできた。さて当然のことながら、マッハをより正しく理解するためには彼を取り巻く人々にも眼をむけなくてはならない。そのうちのひとりに多少型破りであり、いまでは名前のみかろうじて記憶されているグスタフ・テオドール・フェヒナー（一八〇一―一八八七）がいる。私がフェヒナーに注目し始めたきっかけはここにある。とはいえフェヒナーは単にマッハの先行者というにとどまらない。いわば十九世紀の哲学、思想のある側面をよく示しており、それによりその後の人たちに有形無形の影響を与えたと思われる。それゆえ彼の哲学の相貌を明らかにすることは、その後のヨーロッパの哲学、思想の展開を読み解く手がかりとなるであろう。

それに先だって、まず我が国におけるフェヒナーのことにふれておきたい。注目されるのは、西田幾多郎が『善の研究』（明治四四年）の改版の序「版を新にするに當って」（昭和十一年）のなかで次のようにいっていることである。

「フェヒネルは或朝ライプチヒのローゼンタールの腰掛に休らひながら、日麗に花薫り鳥歌ひ蝶舞ふ春の牧場を眺め、色もなく音もなき自然科学的な夜の見方に反して、ありの儘が眞である晝の見方に耽つたと自ら云つて居る。」(2)

この逸話はフェヒナー（フェヒネル）晩年の著『昼の観方と夜の観方』の冒頭に出てくるものである。「實在は現實そのまゝのものでなければならない」という『善の研究』の出発点を暗示するために西田はこれを引いている。これは改版の序であるから『善の研究』執筆当時にフェヒナーをすでに知っていたことにはならない。だが、この序執筆当時になってようやくフェヒナーにふれたわけではないことも確かである。『西田幾多郎全集』によりフェヒナーへの言及を探ってみると、どれも簡単なものであるが、さらに六箇所確認される。その最初のものは「ロッツェの形而上学」（大正六年）中であり、唯心論に至る道の類型三つのうちのひとつとしてフェヒナーをあげている。別の箇所ではフェヒナーの美学にもふれており、どこまで直接読んだかは疑問としても、その哲学的世界をあるていど知っていたと思われる。

そしてもちろん『死後の生についての小冊子』の邦訳『死後の生活』（平田元吉訳、丙午出版社、明治四三年）が出版されたことが特記される。この邦訳も含めて日本にフェヒナーが知られるに至ったのは、相互に密接に絡みあっているふたつの道筋が考えられる。ひとつにはいうまでもなくドイツの哲学および心理学をとおしてであり、もうひとつはウィリアム・ジェームズをとおしてである。西田のばあいもこの両方をとおしてフェヒナーにふれたのではなかろうか。

感覚生理学、心理学の世界では、ウェーバー＝フェヒナーの法則が実験心理学的理論の嚆矢としてあまねく知られているものの、たいていはフェヒナーの独特の世界観とはかかわりなく問題にされているので、この点については当面、ふれないでおく。

次にフェヒナーの生涯を簡単に見ておきたい。

2　フェヒナーの生涯

邦語で読める伝記としては前記『死後の生活』訳者解説、後述のジェームズ『多元的宇宙』第四講、今田恵『心理学史』中のフェヒナーの項ていどであろうが、ドイツ語文献ではもうずっと以前にラスヴィッツのフェヒナー伝（3）のようなくわしいものが出ているので、そうしたものを訂正するのでないかぎり、特に立ち入る必要もないであろう。それで以下の叙述の前提として最小限のことにのみ簡単にふれておきたい。

一八〇一年、ドイツ東部に牧師の子として生まれたフェヒナーは一八一七年にライプチヒ大学医学部に入学してからは、一八七七年に没するまでの七十年をこの地ですごした(4)。彼の生涯を叙述するにあたって、ラスヴィッツは一八〇一—四三年、四四—六〇年、六〇—八七年の三つの時期に分けている。この時期を分かつ出来事としては四〇年から四三年にかけての三年間にわたり重い神経症的病の床についたことと、六〇年の大著『精神物理学綱要』出版があげられよう。医学部を卒業してからも実務にはつかず、物理学や数学への興味をつのらせ、その研究を続けるとともに、生活の資を得るために大量の物理学と化学のフランス語文献の翻訳や、辞典の編集に従事した。他方ではまた「ミーゼス博士」の筆名で科学的機知に富んだユーモア評論に健筆を揮った。電気学的研究などを続け、三四年にはライプチヒ大学の物理学正教授となった。しかしこの頃からそれまでの疲労が災いして、精神的な不調に見舞われ始める。光学について、その物理学的研究から感覚論的研究へと進み、成果をあげるが、そのさいの実験で眼を酷使したことがきっかけとなり、視力が極度に弱り、それとともに強度の神経症となって暗くした部屋から外に出られないような生活を続けることになった。三年ほどで運よく回復することができた。これがひとつの転機になり、以前からその傾向があったとはいえ、哲学的思索へと傾斜を強めることになった。「物理学者から哲学者になった」(5)といわれる。自然哲学的傾向がみられ、特に霊魂問題に関心を強め、『ナンナ、植物の霊魂的生活』(一八四八年)を著した。一八五一年にはそうした思索を総合し、さらにのちの精神物理学的研究にもつながるものとして、大著『ゼント・アヴェスタ』を著した。その後、思弁的傾向から経験的傾向へと比重を移し、『物理学的ならびに哲学的原子論について』(一八五五年)を経て、一八六〇年に『精神物理学綱要』を出版し、いわゆる「精神物理学」の基礎を築いた。その後の仕事としては経験的美学あるいは「実験的美学」があり、『美学入門』(一九七六年)にまとめられた。その意味では晩年、経験科学的傾向を強めたといえなくもない。とはいえ他面では『昼の観方と夜の観方』(一九七九年)のように、思弁的思索も続けていた。

フェヒナーを西洋哲学史の流れのなかに置いてみたばあい、重要かつ明確な位置を占めているとはいい難く、簡単な哲学史教科書ではふれられないことが多い。ドイツ系のくわしい哲学史ではどうであろうか。フォルレンダー『西洋哲学史』(6)においては、ヘーゲルやショーペンハウアーの時代と新カント派の時代に挟まれるかたちで、「一八四〇年より一八七〇年までの哲学」という時代設定がなされ、そのなかに「実証主義および類似現象」、「ドイツの唯物論および唯心論」、「ダーウィンおよびスペンサーの進化哲学」、「自然科学的基礎に立つ観念論的体系組成」の四つの章が置かれる。そしてこの最後の章で取り上げられるのがフェヒナーとロッツェである。フェヒナーについてはむしろ自然哲学という名称がふさわしいかもしれない。しかしそうではあるにしても自然科学あるいは経験科学への傾向は強く、それがまた自然哲学的方向と独特な仕方で一体になっている。

3　フェヒナーと後の思想家たち

すでに述べたようにフェヒナーに着目するゆえんは、哲学史的、思想史的に見たばあい、さしあたりは彼の後生への必ずしも顕在的ではないが検討に値する影響のためである。そこで次になんらかのかたちでフェヒナーにかかわっている三人の思想家を取り上げ、事実関係を確認したい。

(a)　エルンスト・マッハ(一九三八―一九一六)

科学哲学的科学史的著作で知られているマッハは、まず第一には物理学者であるが、それとともに若い頃より感覚生理学研究に携わり、これが彼の物理学的哲学的見地にも大きく反映することになったといえる。感覚生理学上の主著は『感覚の分析』であるが、その初版（一八八六年）序文で次のようにいっている。

「顧みれば、今を去る二十五年前、フェヒナーの『精神物理学綱要』（ライプチヒ、一八六〇年）によって、本書で取扱っている諸問題に手をつけてみようという自然な性向を、強烈に興発されたのであった。」(7)

この著作のなかでフェヒナーの名を何度かあげている。ただし個々のテーマについて他の多くの研究者のものと並んで彼の論文等を指示している以外、三、四箇所、多少踏み込んで述べているにとどまる。しかも必ずしも好意的な述べ方をしていない。フェヒナーの精神物理学的法則（あるいは測定公式）の限界などが問題にされている。これは二十余年を経て、科学的知見が発展し改善されてゆく通常の過程――のちの研究者によって乗り越えられてゆく過程――と見ることもできる。とはいえ次の箇所はもう少し本質的である。心理的なものと物理的なものの平行の原理を提唱しているところでマッハは次のようにいう。

「が、ともあれ、われわれの考えは、物理的なものと心理的なものとが一個同一の実在の二つの異った側面だとするフェヒナー流の考えとは異る。第一に、われわれの考えは何ら形而上学的な背景をもっておらず、経験的に見出される事柄を一般化して、表現しているだけである。……」(8)

フェヒナーは経験的心理学を切り拓いているにもかかわらず、なおそこでは形而上学的観方に支配されていると、マッハは考えている。

フェヒナーとマッハのかかわりは、遺されている書簡四通からも推測することができる。マッハからフェヒナー宛の一通の書簡（一八六一年一月十四日）(9)はおそらくはじめて出したものであろう。「数学的心理学」に従事し物理学的方法の心理学への応用を企図している者であると自己紹介している。そしてその基礎をフェヒナーの『精神物理学綱要』に見出しており、教えを請うという趣旨のものである。これに対するフェヒナーの書簡（六一年一月二十日）(10)は、マッハが問い合せた測定方法についての公表予定についてふれたあと、今後の助力を約束している。まずは型どおりということができる。残る二通のフェヒナーのマッハ宛の書簡はいささか微妙なニュアンスをはらんでいる。六四年四月十八日付のもの(11)は、長いものであるが、まずヘルバルト心理学の評価について述べており、マッハの支持に対し反論する気はないが、やはりヘルバルト心理学はなじめぬものであるといい、そしてそうした見解の相違を信条の問題（Glaubenssache）だとしてもよいといっている。そしてさらには、「あなたがまもなく出版するはずの精神物理学関係の著書」を自分に献呈しようという意図――これに先だつ書簡でマッハはそのことについて書いたのであろう――を謝絶している。フェヒナーはマッハの傾向に違和感を覚えたものと思われる。この書簡中でもうひとつ注意しておくべきことは、『ゼント・アヴェスタ』にかんすることである。マッハは総論的にはこの著書の根本的観方に同意するが各論的には異論があると述べたようであり、これに対してフェヒナーは両者は連関していて自分としては切り離すわけにはゆかないのだという。しかしこの点についても「信条の問題」にかかわるとして、それ以上論議することを敬遠している。さらに最後のフェヒナーの書簡（六五年十二月十一日）(12)にもふれておこう。この書簡の直接の要件はグラーツ大学の数学教授候補者推薦にかんするものであったようである。それとともにマッハが送った（複数の）論文への礼を述べ、しかしながらいまは暫時、精神物理学からすっかり遠ざかっているため、また復帰したときにじっくり検討したいむね、述べている。さらにこの書簡とともにフェヒナーは『死後の生活についての小冊子』の改訂新版を送ったようであるが、それを贈呈すべきか否か迷ったと記している。その観方はマッハの気に入らないであろうし、またその観方は『ゼント・アヴェスタ』第三部と関連していて、そうしたことに理解を期待するわけにもゆかないであろうとフェヒナーは忖度する。とはいえこの関連で、「彼岸」の問題にもふれ、その存在は自分が述べた仕方で因果律に従い可能となり、それ以外は考えられないとみずからの主張は固守している。自分は実践的関心から彼岸への信仰が不可欠と考えるためこの可能性をとるとはいえ、こうした観方は「ヘルバルト学派の信奉者」のマッハには受け入れにくいであろうと結んでいる。

マッハが感覚生理学的研究に関心をむけたのは、医学生に物理学を教えることになったのがきっかけであるとは、彼自身が語るところである。この講義は『医学生のための物理学要綱』（一八六三年）に結実する。最初の感覚生理学上の論文はマッハのフェヒナー宛書簡であげている「眼の運動による位置と角度の視覚について。精神物理学への寄与」（一八六一年）であるが、六三年にもひとつあり、またこの年には、一連の講演をし、『精神物理学講演』として雑誌に連載され、合して別冊としても出た。さらに六四年にひとつ、六五年には十ものこの関係の論文等を発表している(13)。書簡に従うなら、フェヒナーの影響下に感覚生理学を始めたわけではないにしても、マッハは研究を進めるにあたって、当時出たばかりの、フェヒナーの大著を指針としたといってよい。そして六三年頃にはその影響下に彼自身の拠点を確立し、六五年に至っては、積極的な研究活動をしていた。先の書簡もこのような背景のもとに見る必要がある。

最初の往復の書簡にみられるように、マッハのほうから接触をはかり、交流が始まった。しかしみられるように、両者間の亀裂が現れてきた。これはフェヒナーの側から示唆される。そこに部分的なものであれ、哲学的思想的断絶があったことはまちがいない。この事情はマッハのその後の研究にも影を落とすことになったともいえる。こうした事情と符合する内容をマッハ自身が語っている。すなわち六〇年代の末に、のちに『感覚の分析』としてまとめられる原稿の大部分をマッハはすでに用意していて、それをフェヒナーに献呈しようとした。しかし彼が両者の見解の相違のために望まないようであったのであきらめ、それの出版自体もずっと考えなくなってしまった(14)。その後プラハ大学への転出といった事情もあったと思われるが、感覚生理学研究をなおも続けているものの、重点は本来の物理学研究に立ち戻っている。その後おそらくは『運動感覚論綱要』にまとめられた仕事で自信を深めつつ、他面では『力学史』で自己の物理学論を固めたのち、ようやく『感覚の分析』(一八八六年)に至ったといえるであろう。『精神物理学講演』は、準備的なものとはいえ、マッハの基本的方向を提示したものとして重要であるにしても、のちには彼自身によってもあまり顧みられない。実際、『感覚の分析』のなかで、次のように述懐している。

「当時非常な影響を及ぼしたフェヒナーの精神物理学によって、私も大いに刺戟された。私は彼の著作に感動して、このテーマに関する欠陥だらけの講義をおこなった。この講義は剰え無価値になった。私は間もなく、フェヒナーの測定公式の考えが誤謬であることを識ったからである。」(15)

このような言い方のうちに、マッハのフェヒナーへの接近が一方的なものに終ったことの苦汁が読み取れる。感情的な問題を別にしていえることは、マッハから見ればフェヒナーは形而上学的思考を内在させているということになるし、フェヒナーから見たマッハは古いヘルバルト学派の心理学を温存しているということになるであろう。当時力をもってきたヘルムホルツ学派にはともに批判的であるという点などで共通の地盤があったにもかかわらず、そうした思想的決裂の要素はあったわけである。

(b)　ウィリアム・ジェームズ（一八四二―一九一〇）

マッハとほぼ同世代の、アメリカの実験心理学の創始者、プラグマティズムの祖であるジェームズもまた、個人的に接した形跡はないとはいえ、その著作を通じて、フェヒナーへの関心を示している。最晩年の一九〇九年のオックスフォードでの連続講義で、同年に出版もされた『多元的宇宙』の第四講は、「フェヒナーについて」である。ここではフェヒナーにかなり好意的であり、また冷静な態度で受け止めている。あとで見るように、もっと若い頃であれば、別様の評価をくだしたにちがいない。とはいえここでフェヒナーの影響の姿を追うにあたって、断片的言及ではなくフェヒナー論としてジェームズが公表したこの講義録をまずは検討したい(16)。

第三講「ヘーゲルとその方法」において、ヘーゲル的な絶対者を批判的に検討したあとを受けて、ここでもうひとつの体系をジェームズは取り上げる。それはフェヒナーの哲学である。ジェームズによれば「この体系は、抽象的にみた際には、一見、絶対主義と通ずる点が非常に多いようにみえる。しかし、具体的にかつ気質的にとりあげてみると、正反対の極に立っているものである」(17)。ジェームズがここでおこなっていることは、したがって、フェヒナーの体系によってヘーゲルの体系を相対化することである。しかし、それとともにヘーゲルに発しそれを浅薄化したグリーン、ケアード兄弟、ホールデーンらのイギリスの超越的観念論の立場を批判することが意図されている。フェヒナーは英語圏ではまだほとんど知られていないにしても、「時がたつにつれて次第に大きな影響を及ぼすであろう」とジェームズは予想する。

ジェームズはまずフェヒナーの「強烈な具体性あるいはディテイルの豊かさ」に注目する。これがイギリスのヘーゲル主義者には欠けている。ヘーゲルについていえば、彼は大きなヴィジョンをもち、そして自分の弁証法のディテイルがそのヴィジョンを支えていると考えた。だが彼の弟子たちはこのディテイルに満足せずに、ヴィジョンだけに執着している。こうした浅薄さに対してフェヒナーの哲学は重厚である。ジェームズはいう。

「彼の厚さは、現代の大部分の絶対主義哲学者の思索にみられる、薄くて抽象的で貧しくてすりきれた外見や、がつがつした教室風の印象に対し目のさめるような対照をなしている。」(18)

ジェームズはフェヒナーの生涯を略述したあと、その学説を概説する。その概説、つまりイギリスの聴衆にフェヒナーの哲学的世界を知らしめることが、この章の主な目的といってもよい。彼の哲学の基本としてまず取り出されるのは「昼の観方」である。世界はすべて意識をもっている。私たちはそれと精神的につながっている。私たちの生命はより大きな生命に依存しているし、私たちの個性もまたより大きな個性に依存しているとフェヒナーは見る。そうしたフェヒナーの哲学の展開を支える論理的道具だてとして、ジェームズはアナロジーをあげる。「彼の書物の大部分のページには、合理論的な論証は見出されず、実際生活で人がいつも使っているような推論だけが見出される」(19)とジェームズはいうが、そのさいの最も特徴的な道具がアナロジーである。ただし、それとともに「差異」をも強調し、両者に対等の資格を与えている。ジェームズによれば「彼が用いている推論のタイプは、ほとんど子供らしいほど単純なものであり、彼の結論そのものは、ただ一ページで書き上げることができる」(20)ほどのものであるにしても、その豊かさ、多様さ、具体性などにおいて群を抜いている。

意識でいえば、私の意識と君の意識は人類の意識でつながっている。さらに動物の意識とつながり、それに植物の意識が加わって、地球の意識において集約される。そしてさらに、全太陽系の意識、ついには絶対的に普遍的な意識へと普遍性の段階を高めてゆくことができるであろう。しかし、すでにふれたように、フェヒナーはアナロジーにより平板に論理を進めてゆくわけではない。より上の意識の段階へと、普遍の度を高めてゆくことに必ずしも重点を置かない。彼のとりわけ重点を置いて述べるのは、地球の意識、地球の魂である。ジェームズもこの点を重視し、解説する。地球はひとつの生き物にもたとえられるが、動物や私たちよりもいっそうすぐれた存在である。地球は私たちや他の生物たちをその一部として意識生活を営んでいる。その意味で私たちとのあるアナロジーも成り立つ。他面、差異にも着目しなければならない。地球は私たちのように目や耳を必要としないし、脳を必要としない。地球はその機能を私たちとはちがった仕方で営んでいるのである。このように地球中心的な思索を展開するのであるが、それは「地球の魂」という観念により、より明確になる。フェヒナーは地上に住む私たち人間を、地球の感覚器官になぞらえる。私たち一人ひとりが地球の目である。そして、そこから得られる記憶や概念関係は地球の生命のなかに残る。「我々個人の生涯の経験はそれぞれ、その生涯が終ると、地球の魂の上に記憶としてきざみこまれそこで観念による不死の生活を送り、偉大な体系の部分となる。……」(21)

ジェームズがここでフェヒナーを取り上げるのは、ヴィジョンの欠けた当時の超越主義の哲学を批判するためである。それとともに、次の第五講「意識の複合」への導入という意味をもっている。フェヒナー的思想は必ずしも取られないにしても、第四講で彼の哲学を祖述するとき、ジェームズはほぼ全面的な共感をもって語っているととることができそうである。しかし、ジェームズの他の、特にもっと若い頃の著作をたどるとき、以上のフェヒナー論からは予想しにくいような、フェヒナーへの反発がみられる。次にその点を見てみたい。

ジェームズの心理学にかんする主著で二巻本の大著『心理学原理』(一八九〇年)(22)において、何箇所かでフェヒナーにふれている。フェヒナーがいわゆる精神物理学により、種々の問題提起、解明をおこなっているので当然であろう。しかし、とりわけ集中的にふれているのは、第十三章「弁別と比較」においてである。それ以外では、第二十章「空間知覚」で『精神物理学綱要』からの引用をし、若干立ち入ってふれている以外、断片的なものである。

第十三章においては当該問題についてロックの引用から始めているが、最後の四分の一は「弁別感覚の測定」というサブ・テーマのもと、主としていわゆるウェーバー＝フェヒナーの法則が検討されている。そこでまたフェヒナーに対する相当に辛辣な見方が示される。ジェームズはフェヒナーの『精神物理学綱要』を取り上げる。それは精神物理学法則の確立をめざしている。すなわち心理的世界と物理的世界の関係を表現すべきものである。その関係は最も単純なかたちでは、感覚量は外的刺激の量の対数に比例するという定式により示される。こうした方向で展開されるフェヒナーの精神物理学について、その影響力、徹底性と緻密さは刮目すべきであるにしても、「これといった心理学的成果はなにもない」(23)という。フェヒナーのいう精神物理学法則はウェーバーの法則がもとになっているが、フェヒナーの独創性があるとすれば、この「ウェーバーの法則の理論的解釈」にある。しかし、ジェームズによれば、ウェーバーの法則は経験的一般化による根拠のある法則であるが、フェヒナーはそれになにか特別なものを見ようとしている。フェヒナーが測定公式を立て、展開していることのうち、ウェーバーの法則の展開ないし解釈であるかぎりは認めることができるにしても、それ以上のところは「恣意的で主観的であるのみならず、ほとんどありそうもない」(24)とジェームズはいう。フェヒナーは「理想的なタイプのドイツ知識人(Gelehrter)であり、単純にして鋭敏、神秘的にして経験主義的、穏当にして大胆、事実に忠実にして自分の理論に忠実」(25)である。フェヒナーの大著に学問的価値があるという人がいるが、「私は脚注にもあげたくない」(26)とジェームズはいっている。そして最後に、フェヒナーを批判する人も彼に心理学を「精密科学」にした功績を帰している滑稽さを、揶揄している。

かくしてジェームズは、フェヒナーを一方で高く評価し、他方であからさまに批判しているわけである。その理由は最後にふれた、フェヒナーの両義的性格にもよるであろう。基本的には、フェヒナーの心理学は批判し、哲学は評価するということでもあろう。ジェームズの生涯においてフェヒナー評価が変ってきたことも考えられる。すなわち壮年の頃はフェヒナーに批判的であったが、晩年になってその長所を認めるようになったということである。これにはもちろん、ジェームズの関心の比重が心理学から哲学に移ってきたことが重なっている。先のフェヒナーについての講演以前に、『死後の生活』英訳版（一九〇四年）にジェームズは序文を寄せ、これを推奨している。右の事情によっているわけであろうが、フェヒナー評価の振幅の大きさを考えると、より若い時代、一八六〇年代から八〇年代にかけて、一方でヘルムホルツ流の生理学的心理学を意識しつつ、すでにフェヒナーになんらかの関心を寄せていたのではないかと思われる。いまはふれることはできないにしても、その頃のジェームズの関心の方向は興味あるものである。

(c)　ジグムント・フロイト（一八五六―一九三九）

フェヒナーの影響を考えるとき、フロイトにもふれなければならない。それはなによりもまず、フロイト自身が明言しているからである。『自己を語る』（一九二五年）中、彼の後期の「メタサイコロジー」について述べているところで、哲学ないし思弁に対する彼の態度について解説している。

「観察から遠ざかっていた時でさえも、私は本来の哲学に近づくことは注意してさけたのであった。もともと生まれつきこのようなことに適していないということがそのようなことを控えやすくしていたのである。私はいつもG・T・フェヒナー氏の考えが近づきやすいと思っており、大切な点については、この思想家にたよることにした。」(27)

これに引き続き、ショーペンハウアーとニーチェについてふれている。精神分析とショーペンハウアーの哲学が類似していても、自分がショーペンハウアーを読むようになったのはずっとあとになってからであり、そこに影響関係はないとフロイトは語る。また「もうひとりの哲学者ニーチェ」については、その洞察は精神分析の成果とひじょうによく一致する。ただ、それゆえにこそむしろ避けたという。フロイトは実際、臨床に即くという立場から、哲学的な理論から距離を取った。それではフェヒナーをどのように位置づけていたのか。フロイトは彼を、哲学的な面もあるとしても、科学者に近い実際的な「思想家」と見ていたわけであろうが、残念ながらそれ以上のことは文献的には確定しえず、推測に頼るほかない。その推測の材料として、フロイトが著作中でフェヒナーのどのようなところを引いているか、多くはないその箇所を見てみよう。

もっともよく知られているのは、『快感原則の彼岸』（一九二〇年）におけるフェヒナーへの言及である。フロイトは心的過程の基礎にある「快感原則」を問題にする。そのさい快、不快の感覚を定義することが必要になる。そこでこれを「精神生活のうちにある興奮の量」に関係づけることを提案する。不快はこの量の増加であり、快はこの量の減少である。さてフロイトは、すでに「慧眼な研究者」フェヒナーがこのような見方をとっているとして、『有機体の発生と進化の歴史についての二、三の意見』を引く。ただしフェヒナーはここで安定にむかうのが快、安定から離れるのが不快としている。より精確にいえば次のように考えている。ある限界内においてはそうしたことに無関心であって、ある限界を越えて完全な安定に近づくにつれて快を帯び、ある限界を越えて安定から離れるにつれて不快を帯びる。だがここで、基準としての「興奮の量」と「安定性」とでは、ずれがあるのではないかという疑問が生じる。これについてはフロイトは興奮の量をできるだけ低く保つということと、それを恒常に保つということを「ただ表現を変えただけで、まったく同じことを言っている」(28)と考える。かくして快感原則は恒常原則に帰せられる。さらに、フェヒナーにも示唆されつつ、これと対立する原理として、自我の自己保存本能の影響を受けた「現実原則」の存在を明らかにする。こうしてフロイトのメタサイコロジーにおけるふたつの基本的原則が提示される。

フロイトが著作中でフェヒナーを引くのは、これ以外にもう二点ある。夢判断にかんする議論のなかでと、機知の問題にかんしてである。『夢判断』（一九〇〇年）のなかで、フェヒナーが三回引かれているが、いずれも「夢の舞台は、覚醒時の表象生活の舞台とは別物である」(29)という観方にかんするものである。この両者の相違を『精神物理学綱要』におけるフェヒナーほどに強調した人はなく、またそこから彼ほど重大な結論を引き出した人もいない、とフロイトはいっている。『機知――その無意識との関係――』（一九〇五年）(30)のなかでもフロイトはフェヒナーを引いているが、まず機知の例として、フェヒナーがミーゼス博士のペンネームで書いた『謎々の本』から三例あげており、フロイトがフェヒナーの著作をかなり広く読み漁っていたのではないかという推測もできる。それとともに『美学入門』も二箇所で引用されている。

以上、三点にわたってフロイトのフェヒナー受容を見た。フロイトは哲学的ないしメタサイコロジー的思索をするさいフェヒナーを参照したというのであるが、直接の引用は多くはないとはいえ、その内容を見ると、けっして外交辞令でフェヒナーを持ち上げているわけではないことが推測できる。いずれも全面的に賛意をこめて引いている。とはいえ、マッハやジェームズとはちがってフロイトのばあいはフェヒナーの教説となんら齟齬をきたすことなく一致することができた、ということにはならない。フロイトもまたフェヒナーの形而上学はとるところではないであろう。フロイトの理論的思想的世界とフェヒナーのそれとちがうことは明らかである。にもかかわらず、すでにフロイトは率直かつ客観的にフェヒナーを読み、もっぱらすぐれた発想を取り出して学ぶことかできるだけ、世代的な距離ができていたというべきであろう。

さてここで、もうひとりの思想家のことにもふれておきたい。それは周知のようにフロイトの青年期に大きな影響力をもち、また彼を精神分析に導き『ヒステリー研究』を共同出版した、彼の先輩で兄の役も果たしたといわれるヨーゼフ・ブロイアー(一八四二―一九二五)である。このブロイアーについて、ジョーンズの『フロイトの生涯』においては次のようにいわれている。

「ブロイアーは、以前に言及したヘルムホルツ学派の忠実な信奉者であった。彼がもっとも高く評価していた作家はゲーテとフェヒナーであった。」(31)

ブロイアーはこのようにフェヒナーを高く評価していたようだ。ただし、この文章で、ヘルムホルツ(学派)と並列されていることが気にならなくはない。当時の心理学思想でフェヒナーとヘルムホルツはしばしば対立させて見られるからである。ウィーンのブロイアーの前には、フェヒナーの流れを汲むエーヴァルト・ヘーリング、ヘルムホルツの系統のエルンスト・ブリュッケがいた。ブロイアーは実際、両者から影響を受けていた。そしてそのなかで、ブロイアー独自の観方を形成していったということになろう。フェヒナーからはたとえば、フロイトとともに心的エネルギーの概念を受け継いだという指摘もなされる。だがまたブロイアーは、単に狭義の心理学の範囲でフェヒナーを評価したわけではない。むしろ偉大な思想家、著作家として評価していたのであり、それがゲーテと並べてフェヒナーを「作家」とジョーンズが呼んでいるゆえんである。それではフェヒナーのどのような思想に親近感を抱いたかというと、たとえば彼の汎神論があげられる(32)。フロイトのフェヒナー評価もブロイアーのそれとのかかわりで見ることができるであろう。この点で先輩格のブロイアーがフロイトをリードしたことが十分考えられるし、他面、より広い視野から、ふたりの属する時代思潮として捉えることも必要であろう。

以上、(ブロイアーはフロイトとの関係で取り上げただけであるので）三人の思想家について、フエヒナーとのかかわりを見てきた。フェヒナーの哲学は二十世紀にあって、当初多少の影響を残していたものの、その後はほぼ忘れられてしまった。彼の哲学を大哲学というのは無理であるにしても、以上のような思想史的連関を考えるとき、十九世紀以降の哲学史、思想史の見直しの一環としてフェヒナー哲学を検討することの意義が浮かび上がってくる。そしてその作業は現代の哲学的情況の反省に寄与しうるであろう。

注

（1）P. Feyerabend, *Farewell to Reason*, Verso, 1987, p.15.

（2）『西田幾多郎全集』第一巻、岩波書店、一九四七年、七頁。

（3）K. Lasswitz, *Gustav Theodor Fechner*, Frommann, 3.Aufl., 1910.

（4）以下，伝記については，主として Lasswitz, *op.cit.* による。

（5）Lasswitz, *op.cit.*, S.47.

（6）Cf. K.Vorländer, *Geschichte der Philosophie*, Bd.3, Felix Meiner, 7.Aufl., 1927. フォールレンデル『西洋哲学史』粟田・吉野・古在訳、第三巻、岩波書店、一九三一年。

（7）E. Mach, *Die Analyse der Empfindungen und das Verhältnis des Physischen zum Psychischen*, Gustav Fischer, 9. Aufl. 1922, S.VII. マッハ『感覚の分析』須藤・広松訳、法政大学出版局、一九七一年、vii頁。

（8）*Ibid.*, S.50. 邦訳五四頁。なおこの箇所は第二版（一九〇〇年）で書き加えられた。

（9）J. Blackmore, K. Hentschel (Hrsg.), *Ernst Mach als Aussenseiter*, Braumüller, 1985, S.1.

(10) J. Thiele, *Wissenschaftliche Kommunikation. Die Korrespondenz Ernst Machs*, A.Henn, 1978, S.40f.
(11) *Ibid.*, S.41ff.
(12) *Ibid.*, S.43f.
(13) Cf. J. Thiele, "Ernst Mach-Bibliographie", in *Centaurus. International Magazine of the History of Science and Medicine*, Bd.8, 1963.
(14) Cf. J. Thiele, *Wissenschaftliche Kommunikation. Die Korrespondenz Ernst Machs*, A.Henn, 1978, S.250.
(15) E. Mach, *op.cit.*, S.301. 邦訳三〇一頁以下。この箇所はおそらく第三版（一九〇二年）で書き加えられた。手許の資料によるかぎり、第四版（一九〇三年）か第五版（一九〇六年）で書き加えられた可能性も残るが、まだ確認できていない。
(16) W.James, *A Pluralistic Universe*, in *The Works of William James*, Harvard, 1977.『ウィリアム・ジェイムズ著作集・6――多元的宇宙――』吉田訳、日本教文社、一九六一年。
(17) *Ibid.*, p.64. 邦訳一〇四頁。
(18) *Ibid.*, p.68. 邦訳一一一頁。
(19) *Ibid.*, p.71. 邦訳一一六頁。
(20) *Ibid.*, p.72. 邦訳一一八頁。
(21) *Ibid.*, pp.79f. 邦訳一三一頁。
(22) W. James, *The Priciples of Psychology*, 2 vols., Dover, 1950.
(23) *Ibid.*, p.534.
(24) *Ibid.*, pp.547f.
(25) *Ibid.*, p.549.
(26) *Ibid.*, p.549.
(27) S. Freud, "Selbstdarstellung", in *Sigm. Freud Gesammelte Werke*, Bd.14, S.Fischer, 1948, S.86. フロイト「自己を語る」懸田訳、『フロイト著作集・４』人文書院、一九七〇年、四六七頁。

（28）S. Freud, "Jenseits des Lustprinzips", in *Sigmund Freud Studienausgabe*, Bd.3, S. Fischer, 1975, S.219. フロイト「快感原則の彼岸」小此木訳、『フロイト著作集・６』人文書院、一九七〇年、一五一頁。

（29）S. Freud, *Die Traumdeutung*, in *Sigmund Freud Studienausgabe*, Bd.2, S. Fischer, 1972, S.72, etc. フロイト『夢判断』高橋訳、『フロイト著作集・２』人文書院、一九六八年、四六頁他。

（30）S. Freud, *Der Witz und seine Beziehung zum Unbewussten*, in *Sigmund Freud Studienausgabe*, Bd.4, S. Fischer, 1970. フロイト『機知——その無意識との関係——』生松訳、『フロイト著作集・４』人文書院、一九六八年。

（31）E. Jones, *SigmundFreud. Life and Work*, vol.1, Hogarth, 1956, p.245. ジョーンズ『フロイトの生涯』竹友・藤井訳、紀伊国屋書店、一九六九年、一五八頁。

（32）Cf. A. Hirschmüller, *Physiologie und Psychoanalyse in Leben und Werk Josef Breuers*, Hans Huber, 1978, S.302.

最終章　マッハ論の現在
――あとがきにかえて――

1　マッハと神秘主義的思惟形式――再　考――

本書の基本的枠組みはすでに「まえがき」で述べている。各章は永い年月にわたって書き継がれ、また本書収録にあたっては、現在の視点から手を加えることを避けている。それにより、著者のマッハ解読の過程とその必然性が見やすくなっていると思う。他方ではしかし、各章を貫く筋、全体のまとまりがいくぶん犠牲になっているのも事実である。それゆえ、最後に本書の全体をふり返り、あらためてその論旨を注解しておくのが適当であろう。またマッハ研究の一般的状況や、その後に見ることのできたマッハ研究書についても多少はふれておきたい。

本書はマッハ「哲学」を思想史的に見てゆこうとしている。そのさいにマッハの哲学に神秘主義の影を読み取ること、あるいはマッハの思惟に神秘主義的思惟様式を読み取ることが本書の基本的モチーフとなっており、それが本書の独自性でもある。それにしても、断片的なものが多いとはいえ多数の人々がこれまでにマッハを論じてきたのに、どうしてこの点がこれまで指摘されてこなかったのであろうか。それについてはまず、歴史的背景を考慮しなければならない。十九世紀以降、今に至るまで、神秘主義には怪しさ、危うさがつきまとってきた。特に科学ないしは合理主義にとってそれは敵と、あるいは避けるべきものと思われた。心霊主義、オカルトといったものが、科学技術が大きな力を持ち出したこの時代に、いわば亡霊のようによりそいながら流行した。それはすぐれた知識人たちも巻き込んだ。この状況をいち早く批判したものとしてエンゲルスの小論「心霊界における自然研究」をあげることができる(1)。そこに描かれている知識人たちの姿は、たしかにこっけいにも見える。そうした神秘主義への否定的なまなざしはマッハも共有していて、彼の「神秘主義」ということばの用法にもそれは表れていた。とはいえ、その種の神秘主義を潜りぬけて独自の思索をした世紀転換期の思想家たちを私たちは知っている。あるいはその種の神秘主義はとらないながら、もっと別のかたちの神秘主義、神秘主義的思惟にかかわった人たちもいる。マッハは後者であったと考えられる。

この点にひそかに着目しているようにみえるマッハ論者もいる。ただ、それに先だって、より公然と語られたのはマッハ哲学と仏教ないし老荘思想との親和性である。このことはマッハの生前すでにいわれていて、マッハ自身にそれを指摘する人もいた。マッハもそれに対して、自分はそれに影響されたことはないが、自分の見方と共通するところがあると答えている。あるいは、プラハ大学でマッハに親しんだフリッツ・マウトナー(一八四九―一九二三)の著作『仏陀最後の死』を思い出してもよい(2)。そこでマウトナーはわざわざマッハの自我論を注にあげることまでしている。それにしても、マッハ自身によっても確認されたそれらに共通した思惟様式は、また同時に西欧神秘主義の思惟様式でもあることに、どうして気づかないでいられようか。マウトナーにしてもそうした系列で著述しており、四巻の大著『西欧における無神論とその歴史』(3)のなかで、エックハルトや「神なき神秘主義」について述べている。この系譜が黙殺されがちなのは、西欧思想において地下水脈といわれる神秘主義の異端的位置のためかもしれない。少なくともマッハ的思惟様式について、その同型性を仏教や老荘思想に求めるよりも、まずは西欧神秘主義に求めるほうが思想史的な観点に立てば順当である。

マッハに神秘主義の影を見ている研究者はいないわけはない。ただ、あまり明示的には言っていないだけである。そのうちのひとりをここで取り上げてみたい。『フッサールと初期実証主義』(4)の著者マンフレート・ゾンマーである。ゾンマーはフッサール現象学の淵源を尋ねて、アヴェナリウスとマッハに至っている。その著の第一部は「初期実証主義の哲学によせて：アヴェナリウスとマッハ」と題されている。ゾンマーはマッハの哲学の非体系性を言っている。そのためアヴェナリウスの解説に偏ることになり、マッハのほうはフッサールとの関係におけるマッハに限定したと断っている。アヴェナリウスは厳密な構成をもつ体系を叙述しているのに対し、マッハの叙述は「軽快で、優雅で、慎重で、流れるよう」(5)である。しかし、それがまたくせものである。こうしたマッハの哲学的叙述を読み解くには独自の解釈学(Hermeneutik)が必要であるといっている(6)。この第一部で注目されるのは、以上の理由で主としてアヴェナリウスとのかかわりにおいてであるが、神秘主義的傾向が問題にされていることである。「神秘主義的傾向」(7)、「比喩的、神話的性格」(8)がいわれる。また経験批判論の語り口が新プラトン主義者や神秘主義者と似ているといわれ、さらにはウニオ・ミュスティカ(神秘的合一)まで引きあいに出されている(9)。にもかかわらず、ゾンマーはアヴェナリウスやマッハをはっきりと神秘主義にかかわらせることはしていない。ゾンマー自身の現象学者としての抑制からか、また思想史研究上の慎重さからか、あえてそれをいう気にはならなかったのかもしれない。

しかしゾンマーはある論文でもう一歩踏み込んでマッハを論じている(10)。そこではディルタイやフッサールとの関係でマッハを捉え直している。それはかつてリュッベが切り拓いた方向でもある(11)。ゾンマーはマッハ、ディルタイ、フッサールにおける生(Leben)、想起(Erinnerung)、体験(Erlebnis)、感覚(Empfindung)といった概念を検討している。そのなかで意識の指向性の問題、客観化的統握といったフッサールの概念にも言及している。マッハに即しては彼の認識論ないし存在論が要素論を中心にして検討される。ゾンマーの叙述において、リュッベの方向を超えて注目されるのは、自伝ないし自伝的回想(想起)まで視野に入れていることである。それには二種類あり、ひとつはマッハの「出版されなかった自伝」であり、もうひとつはマッハの著書に散見される自伝的回想である。後者はすでにフォイヤーが取り上げ、私たちもまた参照してきたので、「自伝」のほうのみ簡単に説明しておきたい。すでにフリードリヒ・ヘルネックがだいぶ以前に紹介していたように、マッハの自伝草稿が遺されている(12)。ヴィルヘルム・オストヴァルトは一九一三年に当時の学界の著名人の自伝集を企画し、マッハもこれに加えようとした。そして両者のあいだの書簡と自伝草稿が遺されることになった。書簡からわかることは、マッハは不承ぶしょう書いたものの出版するほどの内容にならなかったことである。そしてその後の大戦勃発やマッハの死のため、結局その草稿はオストヴァルトの手許に埋もれてしまった。ゾンマーはこうした自伝執筆に意欲をもちえないマッハの知性ないし感性に注目する。個別的な印象深い体験を好んで取り上げるマッハも、一続きの自伝を書きつづるのはどうにも気が進まなかった。

晴れた日の戸外での子ども時代の体験などを好んで語るマッハ、しかし他方では自伝執筆を好まないマッハ——ゾンマーはこれらに注目しながらも、フォイヤーや私のように通常の哲学的解釈の外にまで話を進めることはせず、哲学の概念的枠内に収束させてゆく。要素論を機軸とするマッハの認識論的、存在論的結構にその根拠を求めてゆく。私の観点からすれば、ゾンマーはこうしたマッハの哲学に神秘主義の思惟傾向との類縁性を感知しながらも、それらを関連づけることをためらったのだといいたくもなる。すでに見てきたマッハの子ども時代の回想がそうであるように、自伝にかんする逸話もまた神秘主義的傾向に帰着させる可能性をはらんでいる。自伝という形式に対して神秘主義は一般に冷淡にならざるをえない。ゾンマーは要素論的立場がマッハをしてこうした態度をとらせていると見ているが、むしろ神秘主義的思惟様式が要素論的立場、また自伝への無関心を産み出したともいえるのである。マッハは自伝的な回想を好んでする。しかしそれは因果的歴史記述のかたちをとらない。もっともそうなると彼の得意とする

「科学史」はどういうことになるのか。これについてはなお検討の余地があるにしても、マッハの科学史が因果的解釈というよりも完成された科学のイメージにむけて緩やかに方向づけられた記述であることを指摘しておかなければならない。ともあれ、こうした通常の「自伝」への彼の無関心な態度もまた、彼の思惟傾向を示すものといえよう。

2　本書の方向とその問題点

マッハにおける神秘主義的思惟様式という本書の論点、ならびに本書の叙述方法には問題点もある。それらのいくつかをここで取り出し、みずから検討を加えておきたい。

本書の主張によれば要素論的な感覚一元論が、さらには一般的には現象主義がそのまま、神秘主義的思惟に帰着することになってしまうのであろうか。もちろんそうしたことは言っていない。一元論や現象主義が経験論的であると同時に神秘主義的思惟様式にも適うところがあるとだけ言っている。ヒュームもピアソンも、またラッセルも経験論者であって神秘主義者ではないのはもちろんである。一元論や現象主義はまず第一には経験論の立場であるとはいえ、それが一見、無関係にみえる神秘主義の徴候でもありうる、ということを確認すればよいのである。そうした観点はしかし、哲学史・思想史の見直しにつながりうるはずである。また私たちの哲学的思索の幅を広げることにも寄与しうるであろう。

思想史のひだに入り込んでゆくと、次のようなことも浮かび上がってくる。ピアソン(一八五七―一九三六)はその著『科学の文法』で現象主義的立場を平易に説いたことで知られている。このピアソンが、若い頃、ドイツのマイスター・エックハルトについて『マインド』誌に寄稿しているのは意外である(13)。ピアソンはロンドンやケンブリッジで数学を中心に勉強したあと、ドイツに留学した。ドイツびいきで、そのために名前もCarlをKarlとドイツ語式つづりに変えたとのことである(14)。ドイツ滞在中にドイツ中世から近世初頭の思想にも親しんだ。その成果としてプファイファー編『十四世紀ドイツ神秘主義者・第二巻――マイスター・エックハルト――』(一八五七年)を参照しながら、エックハルトについての論文まで発表することになった。私の見るところ、この論文は紹介的で独創的なところはない。また、ピアソンのその後の現象主義的立場がエックハルト的なものと関係があるとはいえない。ただ、このケースを見るにつけても、整理された哲学史をたどるならいざしらず、思想史はこうした思想のすみずみまで眼をこらす用意があってよい。

ブロッホのマッハ論が珠玉の一編であるにしても、こだわりすぎてはいないか。本書でマッハとフロイトの関係を論じているときに、必要以上にブロッホを持ち出しすぎてはいないか。たしかに、二十世紀を代表する哲学者のひとりブロッホを引きあいに出すことにより、思想史的によりにぎやかなものにしたいという著者の意図が透けてみえてもいよう。とはいえ、同時に知っていてほしいのは、ブロッホがその洞察力にものをいわせてたまたまこの一文を書いた、というわけではないことである。ブロッホは若い頃からマッハに親しんでいた。ギムナジウムの生徒だった頃にすでにマッハの書物に感銘を受け、なんとマッハに手紙まで書き、それは今でも遺っている(15)。この手紙自体は取り立ててめだった内容ではないにしても、このばあいも二十世紀初頭の思想史の交錯の有様に注目してほしい。本書において、そうしたことも念頭に置いてブロッホにこだわっているのである。ブレンターノとマッハのかかわりを推定し、さらにブレンターノの『哲学の四段階とその現状』を引き、そのなかの神秘主義の位置にマッハを比定したあたりは、推定に推定を重ねたとの批判は免れない。それは思想史の方法を逸脱している。それは裏を返せば、本書が思想史を踏まえつつも、思想史の枠を意識的に超えることも辞さなかったということである。いわば思想史的な思考実験をしてみたのだといってもよい。十九世紀から二十世紀にかけての世紀転換期の、科学、文学、芸術などの諸分野が渦巻く多彩さが、思想史の対象とされてきた。そのさい、狭義の思想史に徹するたけでは表層の叙述に終りかねない。我が国で、上山安敏氏の『神話と科学』(16)、『フロイトとユング』(17)などがこの時期を扱っている。『フロイトとユング』のほうではマッハもしばしば登場している。そこでは要素一元論と並んで、記憶と遺伝の問題が取り上げられているのが特色となっている。着眼点、掘り起こし、取り合せの妙がきわだっている。大筋では思想史の方法を逸脱はしていないとはいえ、一部には思想史的裏づけを超えた推測を導きとして議論がなされている。

本書では、要素論と思惟経済説をマッハの認識論を支える二大原理としている。このうち、思惟経済説のほうについて、若干説明不足に終ったきらいがある。思惟経済説はマッハにおいて生物学的(biologisch)な視点として意識されており、この時代、特にダーウィニズムが背景にある。本書での議論にあっては、そうした思惟経済ではあるが、現実的、生物的経済につきるものではないこと、それからあるていど自立した「思惟」の経済という面のあることを重視し、思惟経済は神秘主義と関連しうると見たのであった。そのさいに、生物学的な経済を結果的にあるていど棚上げにしてしまうことにもなった。生物学的視点からの思惟経済は重要な論点である。とはいえ、これを議論するにはダーウィニズムの評価に深く立ち入らなければならないため、他日を期したい。

最後のフェヒナーの章は、本書の構成を崩している。この第8章ではマッハとのかかわりにもふれているものの、かぎられている。マッハのフェヒナーに対する関係に絞ったほうが構成としてもすっきりしたはずである。とはいえ、マッハの思想の核をその前段階の思想との関係を視野に入れつつ考察しようとする本書の立場から、このようにフェヒナーを概観しておくことは重要なことに思われた。また影響関係について、本書中ですでに取り上げたジェームズやフロイトにも言及していることは、特に生理・心理学的方面でのマッハの位置を考えるヒントになりうる。フェヒナーは多くの著作を書いている。フェヒナーとマッハ間の思想的対応に絞っても、『ゼント・アヴェスタ』、『精神物理学綱要』、『原子論』といったどれも分厚い書物を検討しないわけにはいかなくなる。他方、フェヒナーの見直しも進んできていて、研究書も出てきている。ハイデルベルガー『自然の内的側面――グスタフ・テオドール・フェヒナーの科学的・哲学的世界把握――』(18)がそうであり、そのなかでマッハにも言及している。特にかかわる箇所として、第四章第四節「マッハの反原子論への道」、第五章第五節「エルンスト・マッハの測定論」のふたつがある。こうした問題をマッハに即して捉え返しておくことは、それはそれで大きなテーマであるため本書では深く立ち入れなかったものの、重要である。

3　マッハ論の現在

現在、マッハをめぐる議論が格別盛んだというわけではない。とはいえ、いくつかの論点をめぐって議論はあるし、研究も続けられている。最後にそれらを一瞥しておきたい。我が国におけるマッハへの言及は西田幾多郎、田辺元その他の哲学者、石原純、桑木彧雄らの物理学者や科学史家によるものが戦前よりあった。また児玉達童の著作『新実証主義とプラグマティズム』(19)、青木一郎の『力学史』の邦訳(20)も、マッハを端的に紹介したものとして、注目されてよい。しかし、なんといっても転機をなしたのは広松渉らによる『感覚の分析』の訳業(21)であろう。それに付された「マッハの哲学――紹介と解説に代えて――」は、それ以後マッハにふれるさいの入門の役目を果たした。次いで加藤尚武・広松渉編訳『認識の分析』(22)、野家啓一編訳『時間と空間』(23)が出て、マッハ哲学をあらためて論ずる基礎となった。またそれと並行して、伏見譲、岩野秀明による『力学史』邦訳(24)、高田誠二の『熱学の諸原理』邦訳(25)も出版された。こうした邦訳、ならびに訳者による解説はマッハ理解に資するところが大きかった。

マッハの研究という点では物理学との関連、特にアインシュタインの相対性理論の先駆者としてのマッハが問題になる。この点については『認識の分析』に付された広松の論文「マッハの哲学と相対性理論――ニュートン物理学に対する批判に即して――」は、マッハの側に視点を置きながら、マッハ―アインシュタイン関係を考察している。科学史のほうでは広重徹がマッハの影響を重視する議論をした(26)。こうした広松や広重の議論を引き継ぎ、板垣良一、勝守真がマッハと相対性理論にかんする議論をした(27)。

哲学ないし思想史に近いところでは、野家啓一がマッハと世紀末ウィーン文化を早い時期に論じている(28)。また野家は科学哲学や現象学の議論をするさいにも、マッハを重視している。木田元は、フッサールの現象学の名称の由来がマッハにあるとする議論にむかった。それは単なる名称の問題につきるのではなく、ヨーロッパ思想史の読み直しにつながってくるものである。最近では「哲学と文学――エルンスト・マッハをめぐって――」という題で議論もしている(29)。そこではマッハとフッサール、マッハとアインシュタインといったテーマと並んで、マッハとニーチェ、マッハとムージルが語られている。早坂七緒はムージルの側からマッハに関心を示している(30)。『唯物論と経験批判論』におけるレーニンのマッハ批判も、我が国において意識されてきた。これは認識論、科学論の次元のこととして論じられることが多かった。思想史的に見るなら、ロシア・マッハ主義の内容を正しく押えることが重要になってくる。これについては我が国でも佐藤正則『ボリシェヴィズムと〈新しい人間〉』(31)といった書物が出てきている。ボグダーノフをはじめとするいわゆるロシア・マッハ主義者の足跡がたどられている。

以上、我が国におけるこの間のマッハ論をスケッチしてみた。単行本として現れているもので、特にめだったものにかぎっている。これらはもちろん欧米のマッハ論・マッハ研究とかかわりながら進んできているものである。欧米のマッハ文献は本書の各章に付された文献によってもその一端が推測できようし、右の各書を参照することによっても知られる。それゆえ以下では、この十数年のあいだに出たもので、本書中では参照されていないいくつかのマッハにかんする欧米の主要文献についてだけ、ふれておきたい。

ハラー／シュタドラー（編）『エルンスト・マッハ――業績と影響――』(32)がある。ハラーはグラーツ大学にあってオーストリアの分析哲学界の代表者のひとりである。それとともに「オーストリア哲学」に関心が深く、マッハ、ブレンターノ、マイノングをはじめオーストリア系の哲学の研究をリードしてきた。シュタドラーもまたオーストリア哲学に取り組んでおり、そのさい歴史的視点がより強く出ている。マッハについてそれぞれ独自の視点をもっている十二人の論者たちの論文が収められ、また資料も収録されている。ホフマン／ライトコ（編）『エルンスト・マッハ――生涯と業績にかんする研究と資料――』(33)は、旧東ドイツ系の研究者たちによるものである。旧東ドイツではヘルネックがマッハについて資料を発掘し、論じていた。先にふれた彼の「エルンスト・マッハの未刊の自叙伝について」や、マッハの書簡もこの本に収録されている。ブラックモア（編）『エルンスト・マッハ――踏み込んだ考察。資料と新しい視点』(34)は、現在のマッハ研究をリードしてきた人の編になるものだけあって、前半はマッハにかんする貴重な資料が多数収められている。後半には十二の論文が収められており、「より踏み込んだ考察」という同書副題にふさわしい内容となっている。この続編として、ブラックモア／板垣／田中（編）『エルンスト・マッハのウィーン　一八九五―一九三〇年――または科学哲学としての現象主義――』(35)も出版された。これもかなりの部分が資料の紹介・発掘にあてられている。第十章は拙論「ムージル――マッハとシュトゥンプのあいだで」であり、本書第7章「ローベルト・ムージルの学位論文――『マッハ学説の判定への寄与』の検討――」を敷衍したものである(36)。

これらはマッハの全体にわたる論集であるが、マッハの物理学にかかわる書物を二冊あげておく。ヴォルタース『マッハⅠ、マッハⅡ、アインシュタインと相対性理論』(37)は、マッハとアインシュタインの相対性理論のかかわりをマッハの側の伝記的資料を渉猟して論じている。バーブア／フィスター（編）『マッハ原理――ニュートンの水桶から量子重力へ――』[38]はアインシュタイン研究叢書のうちの一冊として出されたもので、こちらはマッハの理論をもっぱら物理学的観点から検討している。

なお、マッハを思想史的に見るばあい、その周辺の研究の進展にも注意をはらう必要がある。フロイトやアインシュタインにかんする研究はたえず続けられている。ムージルは欧米では重視されており、研究書も少なくない。フェヒナーの見直しが進んでいる。もっとマイナーなところでいえば、マッハ批判者のヘーニヒスヴァルトについての研究書もみかけたりする。世紀末ウィーン文化にかんする書物も相変らず出されており、そのなかにマッハも必ずといっていいほど引用される。さすがに欧米では、これら思想史的研究の厚みも相当なものである。

＊　＊　＊

以上、本書の意図を顧み、また問題点をあげ、あわせてマッハ論の近時の状況についてもふれてみた。最後に、本書の立場をあらためて補足的に述べておきたい。

「まえがき」でも述べたように、マッハの全体像については伝記的叙述を縦糸として、ブラックモアがすでに試みている。その後のマッハ研究の進展――それにはブラックモア自身が大きな寄与をしている――により訂正すべきところがあるにしても、今でも十分に参照できる著作である。これに対し、本書はマッハの主要著作を読み解こうという関心に貫かれている。そして一見、平板にもみえるその叙述に潜む思惟傾向を読み取ろうとした。いわばマッハの意識と無意識の境目にある彼の思惟の在り方を捉えようとしたのである。

純然たる思想史にはなっていないにしても、相当程度には思想史的である。それにより、科学と哲学のみならず、宗教や文学の問題への通路も確保されている。さらには二十世紀思想の成立史、そして二十世紀思想の総括という今日的課題にもつながるはずである。

本書には、「科学と哲学のあいだ」という副題をつけた。これがマッハに取り組み始めた当初の問題意識にあったし、今なお私にとって基本的な問題であり続けているからである。科学的・合理的思惟が私たちの哲学的思索にとっていかなる意味をもつのか、という問題だといってもよい。マッハはそうした問題を考えるのに適した研究対象である。私たちの時代にあって、科学的・合理的思惟はかなりのていど私たちの思惟に対して規制的なものとして、軛として働いてきた。本書ではしかし、そうした思惟が実は一枚岩ではないことを示したかった。それは成功していないかもしれない。科学的・合理的思惟にはやはり堅い核のようなものがあるという見方は、簡単には揺るがない。そうだとしても、その思惟は受ける光によって多様な相貌をもって現出することを、少なくとも本書は示しえたと思う。

そうした狙いもさることながら、本書によってマッハとその哲学への、マッハとその時代への関心をいささかでも呼び起こすことができたなら、本書の目的は達せられる。

注

（1）*MEGA*, Bd.20, 1962, S.315. エンゲルス『自然弁証法（上）』田辺訳、岩波文庫、一九五七年。
（2）F. Mauthner, *Der letzte Tod des Gautama Buddha*, München, 1913.
（3）F. Mauthner, *Der Atheismus und seine Geschichte im Abendlande*, 4 Bde., Stuttgart & Berlin, 1920-23.
（4）M. Sommer, *Husserl und der frühe Positivismus*, Vittorio Klostermann, 1985.
（5）*Ibid.*, S.19.
（6）*Ibid.*, S.19.
（7）*Ibid.*, S.45.
（8）*Ibid.*, S.82.
（9）*Ibid.*, S.63f.

(10) M. Sommer, "Leben aus Erlebnissen. Dilthey und Mach", in *Phänomenologische Forschungen,* Bd.16 (*Dilthey und der Wandel des Philosophiebegriffs seit dem 19. Jahrhundert*), Karl Alber, 1984.

(11) H. Lübbe, "Positivismus und Phänomenologie. Mach und Husserl" (1960), in H. Lübbe, *Bewußtsein in Geschichten,* Rombach, 1972. リュッベ『歴史における意識』川島・和田・工藤・森田訳、晃洋書房、一九八八年。

(12) F. Herneck, "Über eine unveröffentlichte Selbstbiographie Ernst Machs", *Wissenschaftliche Zeitschrift der Humboldt-Universität zu Berlin, Mathematisch-Naturwissenschaftliche Reihe,* Jg. VI, 1956/57, Nr.3.

(13) K. Pearson, "Meister Eckhart, the Mystic", *Mind*, vol.XI, 1886.

(14) ピアソンの伝記については、*Dictionary of Scientific Biography,* Charles Scribner's Sons, vol.X, 1974, によった。

(15) "Brief an Ernst Mach, den 1. 8. 1903", in *Ernst Bloch Briefe 1903-1975,* Bd.1, Suhrkamp, 1985.

(16) 上山安敏『神話と科学――ヨーロッパ知識社会 世紀末～20世紀――』岩波書店、一九八四年。

(17) 上山安敏『フロイトとユング――精神分析運動とヨーロッパ知識社会――』岩波書店、一九八九年。

(18) M. Heidelberger, *Die innere Seite der Natur. Gustav Theodor Fechners wissenschaftlich-philosopische Weltauffassung,* Vittorio Klostermann, 1993.

(19) 児玉達童『新実証主義とプラグマティズム』(岩波講座・哲学)、岩波書店、一九三二年。

(20) 『力学の発達とその歴史的批判的考察』青木一郎訳、内田老鶴圃、一九三一年。

(21) 『感覚の分析』永井博監修、須藤吾之助・広松渉訳、創文社、一九六三年。

『感覚の分析』須藤吾之助・広松渉訳、法政大学出版局、一九七一年[右の改定再版]。

(22) 『認識の分析』広松渉・加藤尚武編訳、創文社、一九六六年。

『認識の分析』広松渉・加藤尚武編訳、法政大学出版局、一九七一年[右の改定再版]。

(23) 『時間と空間』野家啓一編訳、法政大学出版局、一九七七年。

(24) 『力学――力学の批判的発達史――』伏見譲訳、講談社、一九六九年。

『力学史――古典力学の発展と批判――』岩野秀明訳、公論社、一九七六年。

（25）『熱学の諸原理』高田誠二訳、東海大学出版会、一九七八年。

（26）広重徹「エーテル問題・力学的世界観・相対性理論の起原」、西尾成子（編）『アインシュタイン研究』中央公論社、一九七七年。

（27）広松渉『相対性理論の哲学』日本ブリタニカ、一九八一年［板垣良一との共著］。
広松渉『相対性理論の哲学』勁草書房、一九八六年［勝守真との共著］。

（28）「世紀末の認識論――エルンスト・マッハと『ウィーンの精神』――」（初出、一九七六年）、野家啓一『無根拠からの出発』勁草書房、一九九三年。

（29）「哲学と文学――エルンスト・マッハをめぐって――」、木田元『最終講義』作品社、二〇〇〇年。

（30）早坂七緒「マッハの科学哲学とムージル」、鎌田道生（編）『ムージル　思惟する感覚』鳥影社、一九九五年。

（31）佐藤正則『ボリシェヴィズムと〈新しい人間〉――二〇世紀ロシアの宇宙進化論――』水声社、二〇〇〇年。

（32）R. Haller & F. Stadler (Hrsg.), *Ernst Mach — Werk und Wirkung,* Hölder-Pichler-Tempsky, 1988.

（33）D. Hoffmann & H. Laitko (Hrsg.), *Ernst Mach. Studien und Dokumenten zu Leben und Werk,* Deutscher Verlag der Wissenschaften, 1991.

（34）J. Blackmore (ed.), *Ernst Mach — A Deeper Look. Documents and New Perspectives,* Kluwer, 1992.

（35）J. Blckmore, R. Itagaki & S. Tanaka (ed.), *Ernst Mach's Vienna 1895-1930 — Or Phenomenalism as Philosophy of Science —*, Kluwer, 2001. これは注（34）の文献とともに、Boston Studies in the Philosophy of Science 叢書の一冊である。

（36）なお本書第5章「思想史のなかのエルンスト・マッハ」の一部も、敷衍してすでに学会誌に発表している。
「マッハとフロイト――実証主義と精神分析――」社会思想史学会年報『社会思想史研究』第十三号、一九八九年。

そのほか、本書には収録していない既発表のマッハにかかわる拙論として、次のものがある。

「マッハの思想形成の一面――『運動感覚論綱要』の読解――」『北海道大学文学部紀要』三十七の一（通巻第六十四号）、一九八八年。

"Philosophische Bemerkungen zum Gebrauch von 'es'"『札幌医科大学人文自然科学紀要』第三十一巻、一九九〇年。

（37） G. Wolters, *Mach I, Mach II, Einstein und die Relativitätstheorie. Eine Fälschung und ihre Folgen*, de Gruyter, 1987.

（38） J. Barbour & H. Pfister (ed.), *Mach's Principle: From Newton's Bucket to Quantum Gravity*, Birkhäuser, 1995.

エルンスト・マッハ年譜

一八三八年　ブリュン（現在のチェコ共和国、ブルノ）近くのヒルリッツ（現在のチェコ共和国、ヒルリーツェ）で生れる
一八四〇年　ウィーンの西、マルヒフェルトにあるウンタージーベンブルンに家族とともに移住
一八四七―一八四八年　ザイテンシュテッテンのベネディクト派学校生徒
このあと学校には行かず、家庭での教育。指物師見習いもする
一八五三―一八五五年　クレムジール（現在のチェコ共和国、クロメジーシュ）のピアリスト系ギムナジウム生徒
一八五五―一八六〇年　ウィーン大学学生
一八六〇年　博士号取得
一八六一―一八六四年　ウィーン大学私講師
一八六三年　『医学生のための物理学要綱』
一八六四―一八六七年　グラーツ大学教授（はじめ物理学、一八六六年以降は物理学と数学）
一八六六年　『ヘルムホルツ音楽理論入門』

一八六七年　グラーツのルドヴィカ・マルスィッヒと結婚
一八六七―一八九五年　プラハ大学教授（実験物理学）
一八六八―一八八一年　四男一女が生れる
一八七二年　『仕事保存の原理の歴史と根源』
一八七三年　『光学的・音響学的研究』
一八七五年　『運動感覚論綱要』
一八七九―一八八〇年　（分割以前の）プラハ大学学長
一八八三―一八八四年　プラハ・ドイツ大学学長
一八八三年　『力学史』
一八八六年　『感覚の分析』
一八九四年　化学専攻の大学生であった息子ハインリヒが自殺
一八九五―一九〇一年　ウィーン大学教授（哲学、特に帰納科学の歴史と理論）
一八九六年　『通俗科学講義』（前年に英語版が出ていた）
一八九六年　『熱学の諸原理』
一八九六年　宮廷顧問官の称号授与
一八九八年　卒中で倒れ、右半身不随
一九〇一年　オーストリア議会貴族院終身議員に任命される
ウィーン大学教授辞任

一九〇一―一九一三年　ウィーンで隠居生活
一九〇五年　『認識と誤謬』
一九一三年　ミュンヘン近くのファーターシュテッテンにいる息子ルートヴィヒの所に移住
一九一五年　『文化と力学』
一九一六年　ミュンヘン近くのハールで死去
一九二一年　『物理光学の諸原理』（遺著）

◎マッハ関係文献目録としては、

J. Thiele, “Ernst Mach-Bibliographie", in *Centaurus. International Magazine of the History of Science and Medicine,* vol.8, 1963. pp.189-237, が以前からあり、マッハ研究者のあいだで活用されてきた。本書もそれの恩恵にあずかっている。マッハの著作、マッハにかんする著作をよく網羅している。

そのほか、いくつかのマッハ研究書には文献目録が付けられている。とりわけ、マッハにかんする著作を最近のものまでよく収録しているのは、

J. Blackmore(ed.), *Ernst Mach − A Deeper Look. Documents and New Perspectives,* Kluwer, 1992, である。これには日本人の著作題名も数多くあがっている。

マッハ』(世界大思想全集) 河出書房新社、1961年。[「哲学的思惟と自然科学的思惟」、「認識と誤謬」、「事実の思考への適合および思考相互間の適合」、「思考実験について」、「仮説」、「自然法則の意味と価値」を収録]

『認識と誤謬(抄)』井上章訳、『現代の科学Ⅰ』(世界の名著) 中央公論社、1970年。[「哲学的及び自然科学的思考」、「認識と誤謬」、「自然法則の意味と価値」を収録]

『認識の分析』広松渉・加藤尚武編訳、創文社、1966年。[「認識と誤謬」、「思考実験について」を収録]

『認識の分析』廣松渉・加藤尚武編訳、法政大学出版局、1971年。[上記の改定再版]

『時間と空間』野家啓一編訳、法政大学出版局、1977年。[「序文」(初版)、「計測的空間に対する生理学的空間」、「幾何学の心理学と幾何学の自然的発達」、「自然研究の立場から見た空間と幾何学」、「計測的時間に対する生理学的時間」、「時間と空間――物理学的考察――」を収録]

⑾ 『文化と力学』

Kultur und Mechanik, Stuttgart, 1915.

⑿ *Die Leitgedanken meiner naturwissenschftlichen Erkenntnislehre und ihre Aufnahme durch die Zeitgenossen. Sinnliche Elemente und naturwissenschaftliche Begriffe. Zwei Aufsätze,* Leipzig, 1919.

『認識の分析』広松渉・加藤尚武編訳、創文社、1966年。[「感性的要素と自然科学の諸概念」を収録]

『認識の分析』廣松渉・加藤尚武編訳、法政大学出版局、1971年。[上記の改定再版]

⒀ 『物理光学の諸原理』

Die Prinzipien der physikalischen Optik. Historisch und erkenntnispsychologisch entwickelt, Leipzig, 1921.

◎このほか、マッハの書簡集として、次の2冊がある。

J. Thiele,*Wissenschaftliche Kommunikation. Die Korrespondenz Ernst Machs,* A. Henn, 1978.

J. Blackmore & K. Hentschel(Hrsg.), *Ernst Mach als Aussenseiter,* Braumüller, 1985.

なお、以上には取り上げなかったが、このところマッハの主要著作の復刻版も出まわっていて、入手しやすくなっている。

(7) 『感覚の分析』

Beiträge zur Analyse der Empfindungen, Jena, 1886.

Die Analyse der Empfindungen und das Verhältnis des Physischen zum Psychischen, 2. Aufl., Jena, 1900.

第2版は上のように、題名を変更している。章の数も8章から13章へとおおはばに増加している。第3版以降は15章となっている。

第3版、1902年。第4版、1903年。第5版、1906年。第6版、1911年。第7版、1918年。第8版、1919年。第9版、1922年。

『感覚の分析』永井博監修、須藤吾之助・広松渉訳、創文社、1963年。

『感覚の分析』須藤吾之助・廣松渉訳、法政大学出版局、1971年[上記の改定再版]。

(8) 『通俗科学講演』

Populär-wissenschaftliche Vorlesungen, Leipzig, 1896.

これに先だって英語版、

Popular Scientific Lectures, Transl. by Thomas J. McCormack, Chicago, 1895.
が出版されていた。英語版では12講であったのが、ドイツ語初版では15講となっている。この書物はその後の版での増補が著しいので、収録した講義数を加えておく。

第2版、1897年(15講)。第3版、1903年(19講)。第4版、1910年(26講)。第5版、1923年(33講)。

『認識の分析』広松渉・加藤尚武編訳、創文社、1966年。[「物理学と心理学との内面的関係について」、「科学の基本的性格——思惟経済の体系——」、「感性的要素と自然科学の諸概念」を収録]

『認識の分析』廣松渉・加藤尚武編訳、法政大学出版局、1971年。[上記の改定再版]

『時間と空間』野家啓一編訳、法政大学出版局、1977年。[「時間・空間に関する一考察」を収録]

(9) 『熱学の諸原理』

Die Principien der Wärmelehre. Historisch-kritisch entwickelt, Leipzig, 1896.

第2版、1900年。第3版、1919年。第4版、1923年。

『熱学の諸原理』高田誠二訳、東海大学出版会、1978年。

(10) 『認識と誤謬』

Erkenntnis und Irrtum. Skizzen zur Psychologie der Forschung, Leipzig, 1905.

第2版、1906年。第3版、1917年。第4版、1920年。第5版、1926年。

『認識と誤謬(抄)』野村純孝訳、『ヘルムホルツ・ベルナール・ヘッケル・

エルンスト・マッハ著作目録

マッハの著書――冊子の類や後年の教科書をのぞく――を以下に列挙する。邦訳も付記した。

(1) 『物理学要綱』(『医学生のための物理学要綱』)
Compendium der Physik für Mediciner, Wien, 1863.

(2) 『ヘルムホルツの音楽理論入門』
Einleitung in die Helmholtz' sche Musiktheorie. Populär für Musiker dargestellt, Graz, 1866.

(3) 『仕事保存の原理の歴史と根源』(『仕事保存律の歴史と根元』、『エネルギー恒存の原理の歴史と根源』)
Die Geschichte und die Wurzel des Satzes von der Erhaltung der Arbeit, Prag, 1872.
第2版、1909年。

(4) 『光学的・音響学的研究』
Optisch-akustische Versuche. Die spectrale und stroboskopische Untersuchung tönender Körper, Prag, 1873.

(5) 『運動感覚論綱要』
Grundlinien der Lehre von den Bewegungsempfindungen, Leipzig, 1875.

(6) 『力学史』(『力学の発達』、『力学』)
Die Mechanik in ihrer Entwickelung historisch-kritisch dargestellt, Leipzig, 1883.

版が進むにしたがって、増補、書き換えがみられる。著者の手になる最終版である第7版と比べると、初版には第2章第9、10節、第5章第3節がない。

第2版、1888年。第3版、1897年。第4版、1901年。第5版、1904年。第6版、1908年。第7版、1912年。第8版、1921年。第9版、1933年。

『力学の発達とその歴史的批判的考察』青木一郎訳、内田老鶴圃、1931年。

『力学――力学の批判的発展史――』伏見譲訳、講談社、1969年。

『力学史――古典力学の発展と批判――』岩野秀明訳、公論社、1976年。

【ラ行】

ライトコ (Laitko, Hubert) 220
ライプニッツ (Leibniz, Gottfried Wilhelm) 122, 125, 149, 151, 152
ラインホルト [=シュルツ] (Reinhold, Ferdinand) 161
ラスヴィッツ (Lasswitz, Kurd) 193, 194
ラッセル (Russell, Bertrand Arthur William) 6, 63, 66, 67, 76, 81, 89, 215
ラマルク (Lamarck, Jean Baptiste Pierre Antoine de Monet) 28
リュッベ (Lübbe, Hermann) 213
リール (Riehl, Alois) 174
リルケ (Rilke, Rainer Maria) 158
ルーダーイェフ (Rudajew, Mordchai-Ber) 159
ルフト (Luft, David S.) 185
ルーベンス (Rubens, Heinrich) 174
ルルス (Lullus, Raimundus) 122
レオンハルディ (Leonhardi, Hermann von) 96, 125
レーニン (Lenin, Vladimir Iliich) 5, 16, 31, 40, 41, 45, 160, 219
ローゼンベルガー (Rosenberger, Ferdinand) 170
ロック (Locke, John) 122, 203
ロッツェ (Lotze, Rudolph Hermann) 195
ロベルト (Robert, W.) 109

【マ行】

【ヤ行】

【ナ行】

【ハ行】

人名索引

【ア行】

【カ行】

著者紹介

今井道夫 (いまい みちお)

経　歴

1944年　東京生れ

1967年　東京大学文学部哲学科卒業

1974年　北海道大学大学院文学研究科哲学専攻博士課程単位取得退学

1974年　東日本学園大学 (現 北海道医療大学) 教養部専任講師

1977年　北海道大学文学部助手

1989年　(北海道立) 札幌医科大学医学部助教授

1995年　札幌医科大学医学部教授　　　現在にいたる

2000年　札幌医科大学医学部副学部長　現在にいたる

著　書

『バイオエシックス入門』(共編著) 東信堂、初版1992年、第2版1995年、第3版2001年

『生命倫理学入門』産業図書、1999年

訳　書

I・B・ハート『レオナルド・ダ・ヴィンチ小伝』(共訳) 法政大学出版局、1977年

B・マクギネス『ウィトゲンシュタイン評伝』(共訳) 法政大学出版局、1994年

E・ブロッホ『チュービンゲン哲学入門』(共訳) 法政大学出版局、1994年

M・ジェイ『力の場』(共訳) 法政大学出版局、1996年

H・リュッベ『ドイツ政治哲学史』法政大学出版局、1998年

思想史のなかのエルンスト・マッハ—科学と哲学のあいだ—

2001年11月20日　初　版第1刷発行　〔検印省略〕

本体価格はカバーに表示してあります。

著者©今井道夫／発行者　下田勝司　印刷・製本／中央精版印刷

東京都文京区向丘1-20-6　振替00110-6-37828　発行所

〒113-0023　TEL (03) 3818-5521　FAX (03) 3818-5514　株式会社 東信堂

Published by TOSHINDO PUBLISHING CO., LTD.

1-20-6, Mukougaoka, Bunkyo-ku, Tokyo, 113-0023, Japan

E-mail : tk203444@fsinet.or.jp

ISBN4-88713-418-5　C3010　¥3800E

東信堂

責任という原理—科学技術文明のための倫理学の試み	H・ヨナス 加藤尚武監訳	四八〇〇円
主観性の復権—心身問題から『責任という原理』へ	H・ヨナス 宇佐美・滝口訳	二〇〇〇円
哲学・世紀末における回顧と展望	H・ヨナス 尾形敬次訳	八二六円
バイオエシックス入門〔第三版〕	今井道夫 香川知晶編	二三八一円
思想史のなかのエルンスト・マッハ	今井道夫	三八〇〇円
今問い直す脳死と臓器移植〔第二版〕	澤田愛子	二〇〇〇円
キリスト教からみた生命と死の医療倫理	浜口吉隆	二三八一円
空間と身体—新しい哲学への出発《たびだち》	桑子敏雄	二五〇〇円
洞察=想像力—知の解放とポストモダンの教育	D・スローン 市村尚久監訳	三八〇〇円
ダンテ研究I—Vita Nuova 構造と引用	浦一章	七五七三円
フランシス・ベーコンの哲学〔増補改訂版〕	石井栄一	六五〇〇円
ルネサンスの知の饗宴〔ルネサンス叢書1〕—ヒューマニズムとプラトン主義	佐藤三夫編	四四六六円
ヒューマニスト・ペトラルカ〔ルネサンス叢書2〕	佐藤三夫	四八〇〇円
東西ルネサンスの邂逅〔ルネサンス叢書3〕—南蛮と禰寝氏の歴史的世界を求めて	根占献一	三六〇〇円
原因・原理・一者について〔ジョルダーノ・ブルーノ著作集 3巻〕	加藤守通訳	三二〇〇円
情念の哲学	伊藤勝彦 坂井昭宏編	三二〇〇円
愛の思想史〔新版〕	伊藤勝彦	二〇〇〇円
荒野にサフランの花ひらく〔続・愛の思想史〕	伊藤勝彦	二三〇〇円
知ることと生きること—現代哲学のプロムナード	岡田雅勝 本間謙二編	二〇〇〇円
教養の復権	沼田裕之・安西和博 増渕幸男・加藤守通	二五〇〇円
イタリア・ルネサンス事典	H・R・ヘイル編 中森義宗監訳	続刊

〒113-0023 東京都文京区向丘1—20—6 ☎03(3818)5521 FAX 03(3818)5514 振替 00110-6-37828

※税別価格で表示してあります。

―世界美術双書―

〔監修〕中森義宗・永井信一・小林忠・青柳正規
気鋭の執筆者が最も得意とする分野に全力投球する書き下ろしシリーズ。一人一冊を基本に、現在の研究傾向を反映する精細なジャンル分けによる執筆で、西欧・東洋・日本の重要分野を網羅し、全60巻以上を予定。一般読者・学生を主対象とするが、最新の研究成果を取り入れ、廉価かつ良質な啓蒙書をめざしている。
★印 既刊(2001年5月) 未刊のタイトルは仮題を含む

★パルテノンとギリシア陶器	関　隆志	ローマのバロック美術	浦上雅司
ギリシア絵画史	羽田康一	ドイツの絵画	大原まゆみ
ケルトの美術	小菅奎申・盛節子	フランス近代美術	大森達次
フォンテンブロー派	岩井瑞枝	国際ゴシック様式の美術	小佐野重利
★バルビゾン派	井出洋一郎	ルネサンスの遠近法	諸川春樹
ルイ14世時代のフランス美術	大野芳材	ネーデルラント絵画史	高橋達史
中世の光（教会）	高野禎子	アメリカの美術	伊藤俊治
ドラクロアとフランスロマン主義	高橋明也	イタリアの天井画	越川倫明
ジャポニスム	馬渕明子	イコン―時と永遠の造形	鐸木道剛
印象派	宮崎克己	教皇たちのルネサンス	末永　航
イタリアルネサンスの彫刻史 I	遠山公一	★セザンヌとその時代	浅野春男
イタリアルネサンスの彫刻史 II	上村清雄	ゴッホ	有川治男
バロック以降の近代建築	丸山　純	ヴェネティアのガラス	北澤洋子
写真芸術論	村山康男	★象徴主義―モダニズムへの警鐘	中村隆夫
画家の歴史―古代から現代まで	森田義之	★キリスト教シンボル図典	中森義宗
仏教の図像学	田中公明	朝鮮の美術	（未定）
インド仏教美術の流れ	秋山光文	★中国の版画	小林宏光
ヒンドゥー教美術	石黒　淳	中国のガラス史―宋代まで	谷一　尚
★中国の仏教美術	久野美樹		
中国の絵画	宮崎法子		
風流と造形―王朝の美術	佐野みどり	室町水墨画	山下裕二
日本美術の中世	島尾　新	風俗画	奥平俊六
近代の美術	佐藤道信	浮世絵	大久保純一
仏　画	泉　武夫	★日本の南画	武田光一
日本の障壁画	黒田泰三	物語絵画	千野香織
絵巻物	池田　忍	安永天明期の京都画壇	冷泉為人
日本の染織	丸山伸彦	狩野派	榊原　悟
日本の陶磁―その文様の流れ	荒川正明	琳　派	岡野智子
浄土教の美術	須藤弘敏	禅宗の美術	横田忠司
天平彫刻	稲木吉一	長崎・横浜の美術	近藤秀実・横田洋一
平安木彫像の成立	長岡龍作	鎌倉彫刻―成立と展開	山本　勉
飛鳥・白鳳の彫刻	鈴木喜博	藤原時代の彫刻	松浦正昭
浮世絵の構造―浮世絵の鑑賞	藤原　紫	江戸の絵画	安村敏信
歌舞伎と浮世絵	藤原　茜	画家のふるさと	小林　忠